Nancy Shrivastav

Uma nova abordagem baseada na aprendizagem profunda para detetar doenças cardiovasculares

Nancy Shrivastav

Uma nova abordagem baseada na aprendizagem profunda para detetar doenças cardiovasculares

ScienciaScripts

Imprint

Any brand names and product names mentioned in this book are subject to trademark, brand or patent protection and are trademarks or registered trademarks of their respective holders. The use of brand names, product names, common names, trade names, product descriptions etc. even without a particular marking in this work is in no way to be construed to mean that such names may be regarded as unrestricted in respect of trademark and brand protection legislation and could thus be used by anyone.

Cover image: www.ingimage.com

This book is a translation from the original published under ISBN 978-620-7-65152-8.

Publisher:
Sciencia Scripts
is a trademark of
Dodo Books Indian Ocean Ltd. and OmniScriptum S.R.L publishing group

120 High Road, East Finchley, London, N2 9ED, United Kingdom
Str. Armeneasca 28/1, office 1, Chisinau MD-2012, Republic of Moldova, Europe
Printed at: see last page
ISBN: 978-620-7-69862-2

RESUMO

Nos últimos anos, o advento da aprendizagem profunda (DL) revolucionou vários domínios, incluindo os cuidados de saúde. Esta dissertação apresenta uma nova abordagem de aprendizagem profunda para aumentar a eficiência da deteção e do diagnóstico de doenças cardiovasculares (DCV), que estão entre as principais causas de mortalidade a nível mundial. O nosso método visa tirar partido das capacidades inerentes aos algoritmos de aprendizagem profunda para analisar e interpretar dados médicos complexos, tais como imagens e genómica, que são fundamentais no contexto das DCV. A abordagem proposta foi concebida para ser adaptável e escalável, capaz de integrar vários tipos e fontes de dados. Esta flexibilidade permite uma compreensão abrangente da saúde do doente, conduzindo a diagnósticos e planos de tratamento mais exactos e personalizados. O núcleo do nosso método envolve o desenvolvimento de modelos de aprendizagem profunda robustos e eficientes que podem aprender com conjuntos de dados vastos e diversos, identificando padrões e anomalias indicativos de várias condições cardiovasculares. Além disso, destacamos a importância da interpretabilidade e da transparência nos nossos modelos de aprendizagem profunda. Ao incorporar técnicas de explicabilidade do modelo, os profissionais de saúde podem obter mais detalhes sobre o processo de tomada de decisão dos algoritmos, promovendo a confiança e facilitando um melhor atendimento ao paciente. Em suma, esta investigação visa aproveitar o poder da aprendizagem profunda para transformar a deteção e gestão de doenças cardiovasculares, oferecendo um passo significativo em direção a soluções de cuidados de saúde avançadas, baseadas em dados e centradas no doente.

RECONHECIMENTO

De facto, as palavras do meu comando são inadequadas na forma e no espírito para expressar o meu profundo sentimento de gratidão e esmagadora dívida para com o meu respeitado supervisor, Dr. Sandeep Ranjan, Professor & Head CSE, CT Institute of Engineering & Management, Shahpur Campus, Jalandhar, pela sua inestimável e entusiástica orientação, sugestões úteis, paciência infalível e encorajamento sustentado ao longo do trabalho. É uma questão de grande honra mostrar a minha gratidão aos meus orientadores pelo seu maior interesse, gentileza e orientação valiosa. Estou grato ao Dr. Gurpreet Singh, Diretor do CT Institute of Engineering, Management & Technology, Shahpur Campus, Jalandhar, por apoiar o meu trabalho de investigação e a minha tese para o cumprimento da atribuição do grau de M-Tech (CSE). Por último e mais importante, estou em dívida para com os meus pais, os meus amigos e o Todo-Poderoso por terem sempre fé em mim e pelas suas infinitas bênçãos.

Nancy

ÍNDICE DE CONTEÚDOS

LISTA DE ABREVIATURAS

CVD	Cardiovascular Disease
DL	Deep Learning
AI	Artificial Intelligence
CHD	Coronary Heart Disease
PAD	Peripheral Arterial Disease
RHD	Rheumatic Heart Disease
NNs	Neural Networks
ANN	Artificial Neural Network
DVT	Deep Vein Thrombosis
NB	Naïve Bayes
LR	Logistic Regression
DT	Decision Tree
GA	Genetic Algorithm
CNN	Convolutional Neural Network
RNN	Recurrent Neural Network
SVM	Support Vector Machine
RF	Random Forest
MLP	Multilayer Perceptron
AHP	Analytic Hierarchy Process
KNN	k-Nearest Neighbors
MCC	Matthews Correlation Coefficient
AUC	Area Under Curve

CAPÍTULO 1
INTRODUÇÃO

1.1 Doenças cardiovasculares

A saúde de um indivíduo é significativamente afetada pelo seu estilo de vida [1]. Na vida moderna, a rotina diária de um indivíduo contém várias variações. A vida moderna é agora caracterizada por stress no trabalho, perturbações mentais, horários de trabalho prolongados e envolvimento em várias actividades. A adoção destes comportamentos faz com que uma pessoa vá contra as regras naturais, o que resulta em efeitos prejudiciais significativos para a sua saúde. Um estilo de vida inadequado ou pobre é a principal raiz de doenças crónicas graves, como a diabetes, a obesidade e as doenças cardíacas. A doença cardíaca é uma doença marcada pelo bloqueio parcial ou total das artérias que transportam o sangue dos pulmões para o coração. O estreitamento arterial ocorre devido à acumulação de substâncias gordas no interior das artérias. Este material é designado por placa bacteriana. Como resultado desta obstrução, uma quantidade adequada de sangue oxigenado não consegue circular para as várias partes do corpo. Por conseguinte, o músculo cardíaco tem de trabalhar mais para assegurar um fluxo sanguíneo adequado, o que resulta num aumento da tensão sobre o coração. Eventualmente, o coração enfraquece significativamente. Um aumento do tamanho da obstrução dificulta o fluxo sanguíneo e leva à formação de coágulos nas artérias coronárias. As doenças cardiovasculares (DCV) incluem muitos problemas cardíacos, tais como anomalias estruturais, obstruções dos vasos sanguíneos e condições relacionadas [2]. Os ataques cardíacos e os acidentes vasculares cerebrais desenvolvem-se frequentemente de forma súbita devido a um bloqueio que impede o fluxo sanguíneo para o coração ou para o cérebro. Os sistemas de saúde de muitos países necessitam de um investimento e de uma reorganização substanciais para tratar eficazmente as doenças cardiovasculares. A implementação de medidas de gestão das DCV nos programas universais de cuidados de saúde é crucial para diminuir a prevalência das DCV. Um tratamento competente e económico da hipertensão ao nível dos cuidados primários pode reduzir a incidência de acidentes vasculares cerebrais. Os doentes que sofrem de DCV devem beneficiar de tecnologia e tratamento adequados. Estas avaliações de saúde concisas, quando integradas com dados sobre a DCV e a frequência dos factores de risco, podem ser muito benéficas para cardiologistas, médicos e especialistas em saúde pública. Fornecem informações essenciais a nível da população para informar estratégias mundiais, regionais, nacionais e locais de prevenção, tratamento e gestão da DCV e dos factores de risco. O estudo da Organização Mundial de Saúde (OMS) salienta que a DCV, frequentemente designada por doença cardíaca, é a principal causa de elevadas taxas de mortalidade em todo o mundo. O coração é um órgão crucial do corpo, responsável pelo bombeamento e transporte de sangue para todas as áreas, incluindo o cérebro [3]. Quando o fluxo sanguíneo do coração para o cérebro e para outros nervos do corpo é interrompido, isso leva à morte do sistema nervoso, fazendo com que todos os nervos e órgãos do corpo deixem de funcionar e, em última análise, resultando em morte. Assim, a existência de um organismo vivo depende inteiramente do coração. Por conseguinte, todos os indivíduos precisam de ter um coração saudável para um funcionamento adequado do corpo. A deteção precoce da doença é crucial para uma intervenção atempada e para reduzir as taxas de mortalidade. Além disso, a previsão exacta da doença cardíaca é atualmente um desafio significativo. A DCV inclui uma variedade de condições que devem ser previstas numa fase precoce. Trata-se de uma doença de propagação global com uma elevada taxa de mortalidade. A maioria dos indivíduos morre em consequência desta doença. Existem vários factores de risco associados a esta doença que devem ser evitados e devem ser tomadas medidas de precaução se o doente tiver sido afetado por uma doença cardíaca. Os doentes com doença cardíaca ou DCV devem aderir às precauções de segurança e seguir as recomendações do seu médico para reduzir o risco de infeção. Em 2019, as doenças cardiovasculares causaram a morte de 17,9 milhões de pessoas em todo o mundo, ou seja, 32% de todas as vítimas. Os acidentes vasculares cerebrais e os ataques cardíacos foram responsáveis por 85% destas vítimas. Cerca de 75% das mortes relacionadas com as DCV ocorrem em países com níveis económicos baixos a moderados [4]. Em 2019, as DCV foram responsáveis por 38% dos 17 milhões de mortes prematuras por doenças não transmissíveis com menos de 70 anos. A luta contra os riscos do estilo de vida, como o tabagismo, a má alimentação, a obesidade, a falta de atividade física e o consumo excessivo de álcool, pode evitar a maioria das doenças cardiovasculares. É crucial identificar prontamente a DCV para iniciar a terapia através de aconselhamento e medicação.

1.2 Tipos de DCV

As doenças cardiovasculares incluem uma variedade de doenças que afectam o coração e as artérias sanguíneas. Incluem-se as seguintes:

Doença cardíaca coronária (CHD): Esta doença afecta os vasos sanguíneos que alimentam o músculo cardíaco. A DCV inclui uma série de perturbações, algumas das quais estão relacionadas com a aterosclerose. Trata-se de uma doença definida pela acumulação de placas nos vasos.

Esta acumulação contrai as artérias, restringindo a circulação sanguínea [5]. Um coágulo sanguíneo pode impedir a circulação do sangue. Um acidente vascular cerebral ou um enfarte do miocárdio podem resultar deste coágulo sanguíneo.

Doença cerebrovascular: É uma doença que afecta as artérias do cérebro. A lesão cerebral pode resultar da privação de oxigénio das células cerebrais causada por obstrução, deformidade ou hemorragia [6]. A doença cerebrovascular pode resultar de muitos factores:
1) A aterosclerose provoca o estreitamento das artérias. 2) A trombose ocorre quando um coágulo sanguíneo se desenvolve numa artéria cerebral e 3) A trombose venosa cerebral ocorre quando um coágulo sanguíneo se desenvolve numa veia cerebral.

Doença Arterial Periférica (DAP): Esta doença afecta os capilares sanguíneos que alimentam os membros do braço e da perna [7]. A estenose arterial ou obstrução das artérias que fornecem sangue através do coração para as pernas resulta em DAP nos membros inferiores. A aterosclerose, a acumulação de placas de gordura nas artérias, é a principal causa. A DAP pode afetar qualquer vaso sanguíneo, mas é mais frequente afetar as pernas do que os braços.

Doença cardíaca reumática (DRC): É causada por germes estreptocócicos que levam à febre reumática, resultando em danos no músculo cardíaco e nas válvulas [8]. A DRC é o tipo de doença cardíaca mais comum entre as pessoas com menos de 25 anos de idade. A destruição das válvulas cardíacas é o resultado da febre reumática, que é uma reação inflamatória. É prevalente em jovens e pode levar à morte ou à incapacidade a longo prazo.

Doença cardíaca congénita (CHD): Esta doença está presente desde o nascimento e causa problemas que afectam o crescimento e o funcionamento normais do coração. As imperfeições podem afetar as paredes do coração, as válvulas e as artérias e veias circundantes [9]. Podem perturbar a circulação sanguínea intrínseca do coração. A circulação sanguínea pode ser dificultada, redireccionada incorretamente ou completamente interrompida. A DCC é identificada através de um exame físico e de diagnósticos cardíacos especializados. Esta doença é mais frequente durante a gravidez ou no período pós-parto imediato.

Trombose venosa profunda (TVP): Refere-se a coágulos nas veias das pernas que têm o potencial de se soltar e ir para o coração e os pulmões. A TVP ocorre frequentemente em pessoas após cirurgia ortopédica e em pessoas com cancro ou outras doenças crónicas. A TVP pode ser uma doença crónica [10]. Os sobreviventes de TVP correm o risco de inchaço e desconforto persistentes nos membros devido à potencial rutura da válvula nas veias, o que leva à hipertensão venosa. Os indivíduos com úlceras cutâneas e mobilidade reduzida podem ser incapazes de levar uma vida típica e ativa em determinadas situações. O quadro 1.1 abaixo apresenta mais pormenores sobre o tipo de DCV.

Tabela 1.1: Avaliação dos tipos de DCV com base nos sintomas e riscos associados

S.n.	Tipo de DCV	Sintomas	Riscos associados
1	Doença coronária	Ataque cardíaco e enigma	Hipertensão arterial, colesterol sanguíneo elevado, consumo de tabaco, maus hábitos alimentares, falta de exercício físico, diabetes
2	Doença cerebrovascular	Dormência, náuseas, perda de visão, confusão	Colesterol sanguíneo elevado, consumo de tabaco, pílulas contraceptivas
3	Doença arterial periférica	Sensações de dor, dor, peso ou cãibras nas pernas	Hipertensão crónica; síndrome de Marfan; doenças cardíacas secundárias, sífilis e outras doenças infecciosas e inflamatórias
4	Doença cardíaca reumática	Fadiga, angina, temperatura corporal elevada, desconforto nas articulações, dores abdominais	Infeção da garganta, ataque cardíaco
5	Doença cardíaca congénita	Dispneia ou falta de capacidade para alcançar crescimento físico típico e maturação	Consumo materno de álcool e medicamentos, infeção materna como a rubéola, nutrição materna inadequada
6	Trombose venosa profunda	Sensação de dor pulsátil numa perna, acompanhada de um aumento da temperatura na zona circundante	Cirurgia, ser obeso, ter cancro, ter dado à luz recentemente, utilizar contraceptivos e reposição hormonal tratamento, e
		área e inchaço na mesma perna	períodos prolongados de imobilidade

1.3 Riscos associados à doença cardiovascular

Os principais indicadores comportamentais de AVC e doença arterial coronária incluem uma dieta pobre, falta de atividade física, tabagismo e consumo excessivo de álcool. Os factores de risco comportamentais podem causar sintomas como hipertensão, hiperglicemia, hiperlipidemia e excesso de peso nas pessoas. Os factores de risco intermédios podem ser detectados no contexto dos cuidados primários e sugerem uma maior probabilidade de sofrer um ataque cardíaco, um acidente vascular cerebral, uma insuficiência cardíaca e outras consequências associadas [11]. A investigação demonstrou que deixar de fumar, diminuir o consumo de sal, aumentar a ingestão de frutas e legumes, praticar exercício físico regular e abster-se de álcool podem reduzir o risco de doenças cardiovasculares (DCV). As políticas de saúde que proporcionam situações em que estão disponíveis alternativas saudáveis baratas e acessíveis são cruciais para promover o desenvolvimento e a manutenção de comportamentos saudáveis. As DCV são influenciadas por vários factores de base. Os principais elementos que impulsionam a perturbação social, financeira e cultural são a internacionalização, o crescimento e o envelhecimento da população. Factores como a pobreza, o stress e a herança genética têm todos um papel no desenvolvimento das DCV. A terapêutica farmacológica é necessária para reduzir o risco cardiovascular, bem como para evitar ataques cardíacos e acidentes vasculares cerebrais em indivíduos com hipertensão, diabetes tipo 2 ou lípidos sanguíneos elevados.

1.4 Necessidade de identificação da DCV

A nível mundial, cerca de 17,5 milhões de mortes são atribuídas a doenças cardiovasculares. Esta doença cardiovascular afecta sobretudo as pessoas com rendimentos moderados e baixos, conduzindo a uma taxa de mortalidade de 75%. Além disso, 80% das mortes ocorrem em resultado de doenças cardiovasculares, nomeadamente ataques cardíacos e acidentes vasculares cerebrais. De acordo com a OMS, a Índia está a assistir a um aumento anual do número de doentes com doenças cardiovasculares. Todos os anos, devido ao aumento do número de doentes com doenças cardíacas, são efectuadas duzentas mil intervenções de coração aberto. Nos últimos anos, registou-se um aumento abundante do número de doentes, com uma taxa de crescimento que varia entre 20% e 30%, o que constitui atualmente um grande problema. É essencial reduzir a taxa de mortalidade associada às doenças cardiovasculares. Os investigadores têm trabalhado diligentemente para antecipar a doença cardíaca nas suas fases iniciais, a fim de proporcionar terapias adequadas e proteger a vida humana. Os investigadores têm utilizado tecnologias avançadas para identificar e prever as doenças cardiovasculares. A extração de dados, uma ferramenta valiosa, oferece grandes vantagens ao sector médico, permitindo que os sistemas de saúde utilizem adequadamente os dados e detectem ineficiências através da análise. A investigação sugere que a otimização do tratamento e a minimização dos custos podem representar até 30% do total das despesas médicas. O sector dos cuidados de saúde é abundante em informação, mas carece de conhecimentos especializados. Existe um volume substancial de dados disponíveis no sistema de cuidados de saúde [12]. Além disso, a investigação revela uma falta de instrumentos para integrar adequadamente a relação, incluindo padrões e inclinações de dados ocultos. Em 2016, a Índia foi responsável por 63% de todas as mortes causadas por Doenças Não Transmissíveis (DNT), com 27% diretamente associadas às DCV. Estas são responsáveis por 45% das mortes nas pessoas com idades compreendidas entre os 40 e os 69 anos. Os indivíduos susceptíveis de sofrer de DCV podem ter pressão arterial elevada, níveis de glicose aumentados e perfis lipídicos anormais, para além de excesso de peso ou obesidade. A identificação das pessoas com elevado risco de DCV e o tratamento adequado podem evitar mortes prematuras. O acesso a medicamentos essenciais contra as doenças não transmissíveis e a tecnologias básicas de saúde nas unidades de cuidados de saúde primários é vital para garantir que as pessoas necessitadas recebem tratamento e apoio adequados.

1.5 Inteligência Artificial em CVD

A inteligência artificial (IA) está destinada a influenciar quase todos os aspectos da existência humana, incluindo o domínio da cardiologia. Os cardiologistas e a imagiologia médica estão a ser melhorados pela IA. Os médicos precisam frequentemente de identificar, medir e avaliar as relações entre elementos para melhorar o tratamento dos doentes. A IA e a aprendizagem automática (AM) são métodos que permitem aos computadores aprender matematicamente representações de dados eficientes. A aprendizagem automática refere-se especificamente a um conjunto de métodos que permitem a IA. A diferença entre a AM clássica e a estatística clássica reside mais nos seus objectivos e tradições do que nos seus métodos. A estatística centra-se em tirar conclusões sobre as características de uma amostra ou de uma população, enquanto o ML se centra na modelação de dados. A IA tem avançado devido à capacidade de melhorar algoritmos bem estabelecidos para utilização na realidade. Consideremos a regressão logística como um exemplo. Esta estrutura assenta em muitos pressupostos importantes para permitir a inferência estatística, incluindo a independência dos dados e a ausência de multicolinearidade entre variáveis, que são necessárias para obter estimativas de coeficientes e valores p. Sempre que a regressão logística é utilizada para fins diferentes dos pretendidos, os pressupostos necessários para a inferência estatística podem não estar alinhados com o objetivo, conduzindo a um fraco desempenho do modelo. Os métodos de ML são frequentemente utilizados sem se basearem em tantos pressupostos sobre os dados. Embora esta abordagem complique a inferência estatística tradicional, conduz a algoritmos que proporcionam uma maior precisão na previsão e classificação. A utilização da IA e do ML no tratamento cardiovascular pode ser vantajosa.

1.6 Desafios associados aos dados sobre DCV

Apesar dos progressos registados nos cuidados de saúde, as doenças cardiovasculares continuam a ser a principal causa de morte na Índia e em todo o mundo. Existem também preocupações relativamente ao desenvolvimento de medicamentos cardiovasculares, às normas de cuidados de saúde e aos custos dos cuidados de saúde. Eis alguns dos principais desafios na análise dos dados relativos às doenças cardiovasculares: A análise dos dados relacionados com a DCV é um desafio devido à natureza complexa e diversificada dos dados e da doença. A qualidade dos dados é um problema significativo nos conjuntos de dados sobre DCV devido às suas diferentes fontes, como registos de saúde electrónicos, investigação clínica e inquéritos demográficos. Esta diversidade pode resultar em contradições, valores em falta e erros que podem afetar a exatidão dos estudos. A grande quantidade de dados acessíveis constitui um obstáculo ao armazenamento, processamento e análise, exigindo infra-estruturas informáticas avançadas e algoritmos capazes de gerir eficazmente os grandes volumes de dados. Os conjuntos de dados sobre DCV são complexos e contêm vários tipos de variáveis, como informações demográficas, medições clínicas, dados genéticos e factores relacionados com o estilo de vida. Além disso, os dados de DCV apresentam frequentemente ligações complicadas e dinâmicas não lineares, que colocam desafios às técnicas estatísticas convencionais e requerem a utilização de métodos de aprendizagem automática e profunda (APD) capazes de captar padrões e interacções complexos. No entanto, a clareza destes modelos pode ser limitada, o que suscita preocupações quanto à abertura e à repetibilidade dos resultados, nomeadamente em ambientes clínicos em que os conhecimentos práticos são essenciais. A análise de dados sobre DCV é frequentemente dificultada por preocupações com a privacidade e a segurança dos dados, especialmente quando se trata de informações sensíveis sobre os doentes. São necessárias medidas robustas de anonimização, encriptação e controlo de acesso para cumprir os regulamentos de saúde. Além disso, a diversidade de sintomas de DCV entre várias populações e subtipos coloca desafios à generalização e à validade externa dos modelos de previsão. Por conseguinte, é essencial validar e calibrar meticulosamente estes modelos numa série de coortes e ambientes para garantir a sua fiabilidade e relevância em situações práticas. A colaboração interdisciplinar entre especialistas no domínio, cientistas de dados e prestadores de cuidados de saúde é crucial para enfrentar com êxito os desafios da prevenção, do diagnóstico e do tratamento da DCV. Embora a análise de dados sobre a DCV ofereça um grande potencial para melhorar a compreensão da doença e os resultados para os doentes, apresenta obstáculos importantes que exigem uma cooperação interdisciplinar, avanços metodológicos e uma atenção cuidada às questões éticas e regulamentares.

1.7 Aprendizagem automática

São utilizadas várias abordagens de ML para prever doenças cardiovasculares ou DCV. A abordagem típica para a previsão de doenças cardíacas envolve o pré-processamento de dados e a seleção de características. A extração de dados e a previsão foram realizadas para avaliar o seu desempenho na previsão de doenças cardíacas. Existem várias estratégias de previsão, algumas das quais são aqui descritas. Três abordagens comuns utilizadas para prever doenças cardíacas incluem o pré-processamento de dados, a seleção de características e métodos de categorização. Subsequentemente, é efectuada uma análise de desempenho utilizando a abordagem de previsão.

1.7.1 Abordagens baseadas em características

A seleção de características em ML envolve a extração de variáveis adicionais utilizando dados em bruto para melhorar o desempenho dos algoritmos de ML. Uma técnica de seleção de características é utilizada para remover dados ruidosos, redundantes e desnecessários, melhorando simultaneamente a eficiência da classificação. O principal objetivo da técnica de seleção de características é identificar o conjunto mais reduzido de características para representar com precisão as características originais. A previsão de doenças cardíacas depende da fase de seleção de atributos. Os resultados obtidos durante o estudo de previsão de doenças cardíacas dependem do número de grupos de doentes e dos critérios previamente especificados. A seleção de características em ML é categorizada em estratégias supervisionadas e não supervisionadas.

1.6.2 Abordagens baseadas na classificação

O algoritmo de classificação é o mais frequentemente utilizado no domínio da aprendizagem automática. Os métodos de ML são frequentemente categorizados de três formas, consoante a sua forma de aprendizagem: não supervisionada, supervisionada e aprendizagem por reforço. Um algoritmo de classificação é um método através do qual um computador aprende a atribuir etiquetas a cada classe de dados. As várias estratégias de algoritmos de classificação incluem Naive Bayes (NB), Regressão Logística (LR), Árvore de Decisão (DT), Floresta Aleatória (RF) e Árvore de Reforço Gradual (GB). Seguem-se alguns dos algoritmos de categorização.

Árvore de decisão (DT): É um modelo onde a cada nó interno ou intermediário é atribuído um rótulo correspondente a uma caraterística de entrada [13]. Os nós intermédios referem-se a pontos num processo em que é necessário fazer uma escolha entre várias opções. O conjunto de dados é classificado numa das classes ou numa determinada distribuição de probabilidade e os nós das folhas da árvore reflectem esta classificação. É suposto estes nós representarem a classe final escolhida.

Floresta aleatória (RF): Cada DT que compõe a floresta é construída [14]. A melhor forma de dividir o conjunto é baseada nas m variáveis que são escolhidas para cada nó da árvore. Para a previsão de casos, os nós da árvore são movidos para baixo, e o caso é definido como o rótulo do último nó alcançado. Cada árvore da floresta passa por esse procedimento até que aquela com o maior número de índices seja escolhida para servir como preditor. O método RF é utilizado tanto para procedimentos de classificação como de regressão. É uma combinação de árvores com vários pontos de decisão utilizados para estabelecer requisitos de desempenho antes da finalização. Esta abordagem tem por objetivo confirmar que um número significativo de árvores pode influenciar a escolha final. Funciona através de uma abordagem de votação para a categorização. É utilizada para aproximar o resultado através do cálculo da média das saídas de cada DT na regressão. Esta abordagem é frequentemente adequada para produzir resultados abrangentes e de elevada dimensão.

AdaBoost: O AdaBoost é uma técnica que envolve a agregação de vários classificadores fracos para criar um classificador forte e fiável [15]. O conceito principal é atribuir pesos mais elevados aos dados que foram classificados de forma incorrecta. Consequentemente, cada classificador fraco dá prioridade a instâncias mal classificadas, melhorando assim os resultados. As árvores de decisão foram utilizadas na nossa situação específica utilizando a abordagem fundamental. O algoritmo consiste em três passos sequenciais.

Perceptron multicamada (MLP): É um tipo particular de rede neural (NN) que inclui camadas de entrada, de saída e intermédias [16]. Em cada camada existe um número fixo de neurónios. Um aspeto interessante é que utiliza uma função de ativação que é linear em todos os seus neurónios. Além disso, os neurónios de cada camada estão ligados aos neurónios das camadas abaixo e acima dela, o que permite a recolha detalhada de informações dos dados de entrada. Cada camada é composta por alguns nós, representados por pequenos círculos. As linhas representam a troca de dados entre os nós. O sinal flui do nó exterior para a camada de entrada. A saída da camada de entrada é transmitida para a camada oculta através de ligações ponderadas. A camada oculta funciona e transmite o resultado à camada final através de interligações ponderadas. O MLP utiliza o método de retropropagação para treinar os dados recuperados. A avaliação de algumas abordagens ML foi efectuada na tabela 1.2.

Tabela 1.2: Avaliação das técnicas de ML tendo em conta as vantagens e os desafios

S.N.	Tipo ML	Tarefas executadas	Vantagens	Desafios
1	Naive Bayes	Classificação	Simples, fácil de implementar, trabalhar com dados limitados, lidar com dados de elevada dimensão	Não funciona com características irrelevantes, sofre de zero problema de frequência
2	Logística Regressão	Regressão	Praticável, compreensível,	Cria uma estrutura linear fronteiras entre
			E eficaz para	Dependente e
			comboio. Iteasily	independente
			expande-se para outros	variáveis. Apenas
			classes.Tem	funções discretas
			grande precisão para	pode ser previsto.
			muitos dados simples	Não linear
			define e executa	Os problemas são
			Bem, quando separados linearmente.	insolúvel
3	Árvore de decisão	Classificação & Regressão	Pré-processamento dados é mais fácil e	Uma pequena alteração na dados podem induzir uma
			não exige	grande mudança na
			normalização.	Árvore de decisão
			Árvore de decisão	estrutura,
			criação é	produção
			Não afetado por	instabilidade.
			dados em falta	As árvores de decisão são
			valores.	Formação complicada e dispendiosa
4	Floresta aleatória	Regressão de & classificação	Elevada precisão, resistência ao ruído, não paramétrico Natureza: Estimativas	Complexidade computacional, utilização de memória,
			Característica	Tempo de previsão,
			Importância,	E não...
			Dados de processos	interpretabilidade.
			que está em falta e	Ruído na formação

				Outliers, Coberturas	dados podem causar
				Dados numéricos e qualitativos	sobreajuste
5	Árvore com reforço gradiente	Regressão de classificação	&	Normalmente, melhor precisão, treino mais rápido em conjuntos de dados, apoio	Ajustes excessivos, custos computacionais elevados e longos tempo de formação fazer
				Para as categorias	modelos difíceis de
				características,	compreender
				E gestão	
				de valores que são	
				em falta	

1.6.3 Aprendizagem automática na identificação de DCV

A identificação de indivíduos em risco de DCV é um aspeto fundamental e essencial. Os cientistas recorreram a técnicas de ponta, como o ML, para prever doenças cardíacas devido às limitações do diagnóstico manual. Com estas técnicas, os cientistas conseguiram filtrar melhor a grande quantidade de dados gerados pelo sector da saúde e fazer previsões e tomar decisões informadas. Podem ser utilizados vários métodos de imagiologia e laboratoriais para diagnosticar a DCV. A recolha de informações médicas e históricas do doente, a identificação de potenciais factores de risco e a realização de um exame físico são os principais componentes de um diagnóstico. Para prever a incidência de doenças com base em resultados e processos, os investigadores utilizam dados estatísticos para estabelecer correlações entre os resultados. Os médicos podem ser capacitados para tomar decisões informadas através da utilização da automatização com recurso ao ML. Através da utilização da informatização no prognóstico de doenças, pode ser criada uma plataforma única para recuperar dados estruturados e facilitar a prestação de cuidados eficazes aos doentes. Consequentemente, estabelece um novo padrão para o tratamento médico personalizado. Ao utilizar a IA e o ML, os computadores são treinados para identificar padrões associados à doença. O ML permite descobrir padrões ocultos e criar estruturas analíticas, incluindo agrupamento, regressão, classificação e correlação. Isto é conseguido através da integração e utilização de várias metodologias, como os modelos de AM [17-18]. Os algoritmos de aprendizagem automática têm-se revelado muito promissores na tomada de decisões clínicas, no desenvolvimento de prescrições terapêuticas, nos cálculos de gestão e no avanço de procedimentos médicos baseados em provas para o tratamento das doenças cardiovasculares [19-20]. As técnicas de AM têm demonstrado resultados promissores na deteção de condições médicas específicas. No entanto, estes métodos ainda não foram utilizados para prever a probabilidade de sobrevivência de indivíduos hipertensos com DCV, utilizando dados de saúde digitais em grande escala recolhidos através de sistemas administrativos [21]. Se um algoritmo de aprendizagem automática for aplicado ao extenso conjunto de dados, tem o potencial de melhorar a utilização dos conjuntos de dados recolhidos para prever os resultados para os doentes, conceber planos de cuidados personalizados para os doentes, monitorizar a distribuição de recursos e melhorar a eficiência das instituições. Assim, atualmente, está a ser dada mais ênfase à utilização de modelos e técnicas de DL.

1.8 Aprendizagem profunda

A aprendizagem profunda (AP), um subcampo proeminente e em desenvolvimento da IA, progrediu significativamente e tem sido utilizada para resolver diversas questões complicadas. A AP alcançou avanços significativos em disciplinas como o reconhecimento de imagens e a genética. A DL imita o funcionamento do cérebro humano e é frequentemente constituída por RNA multicamadas. O DL utiliza dados para avaliar estruturas hierárquicas complexas com vários níveis de abstração. A utilização generalizada de algoritmos de aprendizagem profunda de computação intensiva foi viabilizada pelo progresso tecnológico das unidades de processamento gráfico e da computação em nuvem, resultando nas capacidades revolucionárias da DL. A AP é uma área especializada da ciência da aprendizagem profunda que utiliza NNs para representar e abordar questões complexas. A DL distingue-se pela utilização de DNNs que consistem em várias camadas de nós ligados. Estas redes podem adquirir representações complicadas de dados, identificando padrões hierárquicos e características nos dados. Os algoritmos de DL podem adquirir conhecimentos de forma autónoma e melhorar o seu desempenho através da análise dos dados, eliminando a necessidade de construir manualmente as características. O treino de DNNs requer geralmente uma quantidade substancial de dados e recursos informáticos. No entanto, a acessibilidade da computação em nuvem e o avanço do hardware dedicado simplificaram o processo de treino das DNN. Algumas das técnicas proeminentes de DL utilizadas são:

Redes Neuronais Convolucionais (CNN): A capacidade de interpretar e extrair informações complexas de dados bidimensionais, como fotografias, está dentro das suas capacidades [22]. Uma CNN deve ter uma camada de pooling após cada camada convolucional. Ao reduzir o número total de parâmetros da rede e ao evitar o sobreajuste, as camadas de agrupamento simplificam a computação. No max-pooling, o método de pooling mais popular, é escolhido o valor máximo em cada janela. Para classificar as características devolvidas pelos núcleos, as últimas camadas da rede convolucional devem ser densas. Assim, a maior parte dos métodos acima referidos estão a ser utilizados durante a identificação da CVD utilizando as técnicas DL.

Rede Neural Recorrente (RNN): São RNAs criadas especificamente para tratar eficientemente dados sequenciais, armazenando informações sobre entradas anteriores. As RNN diferem das redes neuronais feedforward por terem ligações que criam ciclos dirigidos, o que lhes permite apresentar dinâmicas temporais e registar relações entre componentes consecutivos numa sequência. Efectua transformações adaptáveis para fundir os dados de entrada e de estado, resultando num vetor de saída e num novo estado interno. As RNNs podem modelar sequências de qualquer comprimento e captar relações de longo alcance, o que as torna ideais para aplicações como o reconhecimento de voz e a previsão de séries temporais. As RNNs padrão são prejudicadas pelos problemas de gradiente de desaparecimento e de balão, que restringem sua capacidade de capturar adequadamente relações de longo prazo. A memória de curto prazo longa (LSTM) e a unidade recorrente fechada (GRU) são variantes avançadas criadas para resolver o problema da instabilidade do gradiente na aprendizagem de padrões temporais a partir de dados sequenciais [23]. Incorporam processos especializados de gating para regular o movimento dos dados, tornando o processo de aprendizagem mais forte e mais eficiente.

Redes Adversariais Generativas (GANs): As GAN são um tipo de modelos computacionais que criam amostras realistas de dados através do treino simultâneo de duas redes neuronais: um gerador e uma ferramenta de discriminação. O gerador cria amostras artificiais a partir de ruído aleatório, enquanto o discriminador é treinado para distinguir entre amostras genuínas e falsas. O gerador aumenta a sua capacidade de produzir amostras realistas, superando o seu discriminador no treino adversário, enquanto o discriminador aumenta a sua capacidade de distinguir entre amostras autênticas e falsas [24]. As GAN têm sido efetivamente utilizadas na criação de imagens, na transferência de estilos e no aumento de dados, criando amostras de alta qualidade com características variadas e realistas.

1.9 Papel da aprendizagem profunda na CVD

As doenças cardiovasculares são a principal causa de morte a nível mundial, o que leva a uma necessidade urgente de melhorar os métodos de diagnóstico. As técnicas de diagnóstico tradicionais, embora eficazes até certo ponto, são marcadas por várias limitações que comprometem a sua eficácia e fiabilidade. Esta dissertação analisa os desafios enfrentados pelos actuais métodos de diagnóstico e explora o potencial transformador do DL na melhoria da deteção e gestão das doenças cardiovasculares. Um dos principais desafios no diagnóstico atual das doenças cardiovasculares é a precisão e a deteção precoce das doenças. Os métodos convencionais, como os ecocardiogramas, os electrocardiogramas (ECG) e os testes de esforço, dependem muito da experiência do médico. Há um elemento subjetivo na interpretação destes testes, o que pode levar a variabilidade nos diagnósticos [25]. Além disso, estas técnicas muitas vezes não detectam as DCV assintomáticas ou em fase inicial, o que leva a um atraso no tratamento e a um agravamento dos resultados em termos de saúde. A natureza invasiva de alguns procedimentos de diagnóstico, como a angiografia coronária, também acarreta riscos e desconforto para os doentes. Outro desafio significativo é a integração e a interpretação de tipos de dados diversos e complexos. A saúde cardiovascular é influenciada por uma miríade de factores, incluindo a genética, o estilo de vida e os factores ambientais. Os métodos de diagnóstico tradicionais podem não integrar eficazmente estes diversos fluxos de dados, conduzindo a uma compreensão fragmentada do perfil de saúde de um doente. Esta limitação é particularmente evidente no contexto da medicina personalizada, em que o objetivo é a aplicação de tratamentos personalizados com base nos perfis individuais dos doentes. Além disso, os métodos de diagnóstico existentes são muitas vezes intensivos em recursos, exigindo equipamento sofisticado e pessoal altamente qualificado. Este facto torna-os menos acessíveis em locais com poucos recursos, agravando as disparidades na saúde. Além disso, estes métodos são muitas vezes morosos, o que reduz a sua eficiência em contextos clínicos em que a tomada rápida de decisões é crucial. Além disso, existe uma necessidade crescente de análises preditivas nos cuidados cardiovasculares. As técnicas de diagnóstico actuais centram-se predominantemente na deteção de doenças existentes e não na previsão de futuros eventos cardiovasculares. Esta lacuna na capacidade de previsão é uma lacuna significativa, uma vez que a capacidade de prever futuros riscos para a saúde poderia permitir medidas preventivas, melhorando os resultados dos doentes. A DL, um subconjunto da IA, oferece soluções prometedoras para estes desafios. Ao tirar partido de algoritmos avançados e do poder computacional, a DL pode analisar dados médicos complexos, incluindo dados de imagiologia e genómicos, de forma mais precisa e eficiente do que os métodos tradicionais. Isto pode levar a uma maior precisão nos diagnósticos, especialmente nas fases iniciais da doença. Os algoritmos de DL também têm o potencial de integrar vários tipos de dados, oferecendo uma visão mais holística da saúde do paciente e facilitando planos de tratamento personalizados. Além disso, as capacidades preditivas dos modelos de DL podem identificar os doentes em risco de desenvolver DCV, permitindo a adoção de medidas preventivas de cuidados de saúde. Em resumo, embora as actuais técnicas de diagnóstico de doenças cardiovasculares forneçam informações valiosas, estão limitadas por questões de precisão, integração de dados, acessibilidade e capacidades de previsão. A aprendizagem profunda apresenta uma abordagem inovadora e poderosa para ultrapassar estes desafios, anunciando uma nova era no diagnóstico cardiovascular e nos cuidados de saúde dos doentes. Esta dissertação tem como objetivo desvendar as complexidades das aplicações de DL na deteção e gestão da DCV, ilustrando o seu potencial para transformar o panorama dos cuidados de saúde cardiovasculares.

1.10 Motivação para o trabalho

Cerca de 17,5 milhões de mortes em todo o mundo foram atribuídas a doenças cardiovasculares. Mais de 75% das mortes por doenças cardíacas ocorreram em países de baixo e médio rendimento. A principal causa de morte é a DCV, sendo 80% dos casos atribuídos a acidentes vasculares cerebrais e ataques cardíacos. A Índia tem registado um aumento anual do número de doentes com DCV em comparação com os outros países mencionados. Cerca de 30 milhões de pessoas na Índia sofrem de doenças cardiovasculares todos os anos. Na Índia, a OMS comunicou que foram efectuados mais de dois procedimentos de coração aberto. Atualmente, registou-se um aumento de 10% no número de doentes que necessitam de intervenção coronária, o que está a ser tido em conta. São necessários esforços e observações para colmatar as lacunas do modelo, a fim de desenvolver uma abordagem de previsão da doença e de a aplicar em diferentes domínios. Estatísticas recentes indicam que as doenças cardiovasculares aumentaram a taxa de mortalidade. Esta investigação é motivada pelo facto de as pessoas tentarem fazer o autodiagnóstico com base nos seus conhecimentos prévios. A utilização de informações actuais desta forma é incorrecta e deve ser considerada. Este facto irá inerentemente elevar a gravidade do risco da doença. O DL tem um grande potencial para identificar as doenças cardiovasculares através da análise eficiente de dados biológicos extensos e diversificados para descobrir padrões intrincados que as abordagens tradicionais podem não detetar.

A principal vantagem da DL reside na sua capacidade de combinar vários tipos de dados, como os registos de saúde electrónicos, as imagens médicas e os dados de sensores portáteis, para criar modelos detalhados de previsão, diagnóstico e previsão dos riscos de doenças cardiovasculares. Os algoritmos de DL podem extrair autonomamente características distintivas de dados não processados sem a necessidade de conceber características criadas pelo homem, o que lhes permite detetar padrões matizados mas significativos relacionados com o desenvolvimento e o avanço das doenças cardiovasculares. As técnicas de DL, como as CNNs para análise de imagens e as RNNs para processamento de dados sequenciais, são eficazes na captação de relações complexas e padrões temporais em dados de DCV. Isto permite a deteção precoce e a gestão personalizada das doenças cardiovasculares. Os métodos baseados em DL proporcionam escalabilidade e generalização, permitindo que os modelos treinados em conjuntos de dados extensos e variados sejam ajustados e verificados em vários dados demográficos e ambientes de cuidados de saúde, melhorando assim a sua utilidade clínica e possibilidades de tradução. Os investigadores e os profissionais de saúde estão a utilizar o DL para criar ferramentas mais precisas e eficientes para identificar e gerir a DCV. Espera-se que isto melhore os resultados dos doentes e diminua os encargos com os cuidados de saúde relacionados com as doenças e mortes cardiovasculares.

1.11 Organização da tese

O Capítulo 1 aborda os conceitos básicos das DCV, a sua classificação e os desafios associados às mesmas. Além disso, o papel da IA, do ML e do DL na identificação de CVD, juntamente com as técnicas básicas utilizadas. A motivação do trabalho também é abordada.

O capítulo 2 destaca o trabalho existente na direção da identificação de CVD com base em ML; e o trabalho relacionado com DL, juntamente com o trabalho que tem sido realizado no contexto das técnicas de ML e DL nos últimos tempos sobre CVD.

O capítulo 3 abrange a metodologia utilizada e as operações efectuadas nos conjuntos de dados. Abrange também os modelos propostos para o trabalho, bem como as métricas necessárias para a análise

O capítulo 4 está orientado para a avaliação e análise dos modelos propostos no contexto da CVD, abrangendo métricas como o valor da perda, a precisão, a recuperação, a AUC, etc. Abrange também a análise comparativa com as técnicas existentes.

O capítulo 5 abrange a parte das conclusões e o âmbito futuro do presente estudo.

CAPÍTULO 2
REVISÃO DA LITERATURA

Com o tempo, o advento do DL revolucionou vários domínios, incluindo os cuidados de saúde. Este capítulo apresenta uma revisão e análise de técnicas baseadas em ML e DL para a deteção e diagnóstico de DCV, que se encontram entre as principais causas de mortalidade a nível mundial. Existe uma necessidade imediata de investigação sobre os factores que afectam as doenças cardiovasculares. Isto exige técnicas inovadoras para detetar a doença numa fase precoce e ajudar a reduzir a taxa de mortalidade. Neste capítulo, a análise foi efectuada com base no trabalho de investigação realizado por investigadores no domínio da identificação das doenças cardiovasculares, juntamente com as inferências retiradas da revisão efectuada.

2.1 Trabalhos relacionados com a aprendizagem automática

Vários académicos analisam vários quadros para identificar CVDs utilizando várias abordagens de extração de dados. Utilizar conjuntos de dados, cálculos, resultados de testes e trabalho futuro dentro da estrutura para obter resultados mais produtivos.

Em [26] os investigadores desenvolveram um modelo que utiliza a abordagem de extração de dados NB. Trata-se de um software informático em que o utilizador responde a perguntas pré-estabelecidas. Recupera informações ocultas de um conjunto de dados e avalia os valores dos clientes com base num conjunto de dados predefinido. Pode fornecer respostas a desafios complexos no diagnóstico de doenças cardíacas, permitindo que os profissionais de saúde tomem decisões clínicas mais informadas do que os sistemas tradicionais de apoio emocional. Também ajuda a reduzir os custos de tratamento, oferecendo terapias eficientes.

Um estudo [27] afirma que a utilização de cálculos de IA na previsão de doenças está a aumentar. Este conceito é significativo e diversificado devido à capacidade da IA para fornecer um ponto de vista semelhante ao dos humanos, aumentando a precisão da previsão de doenças coronárias. Patil [28] salienta que o diagnóstico exato de doenças cardíacas é uma questão biológica crucial que requer atenção. Métodos de extração de informação em árvore: SVM, NB e DT. Em [29], os investigadores introduziram o modelo de previsão de doenças cardíacas HDPM, que foi efetivamente integrado num sistema de apoio à decisão médica. Este modelo é apoiado pela abordagem SMOTE-ENN para gerir os dados de treino e XGBoost para detetar DCV. Foram utilizados dois conjuntos de dados distintos, denominados Statlog e Cleveland, e comparados com LR, NB, DT, MLP, SVM e resultados de investigações anteriores. A investigação foi melhorada através da recolha de um conjunto de dados de um local específico e da consulta de um perito em cardiologia para validar o modelo projetado. O conjunto de dados utilizado pode confirmar os resultados obtidos.

Em [30], os investigadores utilizaram métodos de aprendizagem automática para identificar determinadas características que melhoram a precisão da previsão de doenças cardíacas. São utilizados diversos métodos de extração e seleção de características. O modelo atingiu uma precisão de 88,7% utilizando o HRFLM-Hybrid RF com a metodologia de modelo linear. Várias características podem ser combinadas utilizando técnicas de ML para melhorar a avaliação do diagnóstico de DCV no futuro.

Um estudo [31] teve como objetivo desenvolver um modelo denominado AGAFL-Algoritmo Genético Adaptativo que utiliza a lógica difusa para prever a condição cardíaca nas fases iniciais. A caraterística é identificada através dos conceitos de conjunto aproximado e o classificador AGAFL é depois utilizado para identificar a doença cardíaca. O resultado é comparado com dados disponíveis publicamente, demonstrando mais eficiência do que as abordagens actuais. Para melhorar este método, pode utilizar-se um algoritmo metaheurístico para obter resultados mais eficazes.

Em [32], os investigadores utilizaram o algoritmo genético para analisar vários modelos de previsão de doenças cardíacas e escolher características relevantes. O algoritmo genético é utilizado de forma eficiente para fornecer resultados de desempenho superiores em comparação com as abordagens convencionais. Avaliam o seu desempenho utilizando diversos conjuntos de dados de doenças cardíacas e analisam-nos em tempo real utilizando quatro classificadores: RF, DT, NB e SVM. O classificador NB demonstrou ter um desempenho superior ao dos outros classificadores no conjunto de dados em causa.

Um estudo [33] centra-se na melhoria da otimização de funções, combinando SVM com Algoritmo Genético (GA) para detetar características-chave. Os resultados do modelo proposto são comparados com outros métodos. O sistema proposto alcançou uma eficiência de 88,34% na previsão de doenças cardíacas em relação a outras técnicas, utilizando os critérios indicados. Além disso, estes métodos mostraram que a análise ROC produz excelentes resultados em classificadores SVM.

Um estudo experimental [34] concentrou-se nas fases iniciais do diagnóstico de insuficiência cardíaca e contrastou-o com os métodos convencionais. Uma RNN é utilizada para identificar ocorrências registadas no tempo ao longo de períodos de 12 a 18 meses. As métricas de desempenho são avaliadas em relação a várias técnicas, incluindo LR, SVM e estratégias múltiplas que utilizam a AUC. Foi obtida uma precisão de 77,4 por cento, superior à de outros métodos convencionais. A tecnologia proposta pode ser utilizada em aplicações de cuidados de saúde para melhoria. Em [35], os investigadores utilizaram seis técnicas de ML diferentes para avaliar os indicadores de eficácia da metodologia. Os desempenhos são avaliados e analisados para identificar a abordagem óptima para a previsão de doenças cardíacas. O resultado mostra uma precisão de 85%, com uma sensibilidade de 89% e uma especificidade de 91%. Teste de seis metodologias de ML diferentes através de validação cruzada de dez vezes para avaliar as suas métricas de desempenho. As informações reais do departamento clínico podem ser recolhidas e avaliadas para escolher a estratégia de ML mais eficaz entre as possibilidades disponíveis.

Em [36], os investigadores descreveram o algoritmo DT como uma abordagem de classificação para a previsão de doenças cardiovasculares. Esta estratégia combina árvores de decisão e redes neurais artificiais para melhorar a previsão de doenças cardíacas utilizando o software WEKA. O desempenho foi avaliado utilizando a validação cruzada de dez vezes para analisar o conjunto de dados de doentes com doenças cardíacas obtido a partir do conjunto de dados UCI. Os indicadores de desempenho, como a exatidão, a especificidade e a sensibilidade, são calculados para os métodos de classificação híbridos e individuais. Foram concebidas várias estratégias de combinação para prever doenças cardíacas, ajudando os técnicos clínicos a detetar várias doenças nas fases iniciais. Os procedimentos de hibridação mostraram que a metodologia sugerida supera as técnicas individuais e tem resultados promissores na previsão de doenças cardíacas. Os métodos de extração de dados podem ser utilizados no processo de melhoramento para prever antecipadamente várias formas de doenças.

O estudo experimental [37] utilizou métodos de pré-processamento de dados, tais como a remoção de dados ruidosos e em falta, o preenchimento de valores por defeito quando necessário e a utilização de classificadores para identificar a DCV. A avaliação do desempenho é efectuada utilizando métricas como a precisão, a especificidade, a sensibilidade e a análise de classificação. O principal objetivo deste modelo sugerido é determinar a presença de DCV num doente e recomendar se é necessário tratamento. As taxas de precisão de várias abordagens, como LR, NB e SVM, são comparadas para determinar a mais eficaz. O sistema sugerido recolhe os dados do doente como um conjunto de dados, selecciona os atributos adequados, pré-processa os dados para remover informações indesejadas e, em seguida, aplica várias abordagens de classificação aos dados pré-processados. Em [38], os investigadores apresentaram uma nova abordagem denominada Fuzzy Analytic Hierarchy Process (AHP) para determinar uniformemente os pesos dos itens com base nas suas contribuições específicas. Os pesos obtidos são integrados no classificador utilizando RNA para calcular a possibilidade de falhas cardíacas. São utilizadas várias camadas para extrair variáveis do conjunto de dados, seguidas de processamento para analisar a insuficiência cardíaca. Os resultados mostram uma taxa de exatidão de cerca de 91,0%, que é 4,40% superior às metodologias ANN anteriores. A estratégia sugerida foi utilizada para avaliar resultados juntamente com sete metodologias anteriores, resultando em precisões de previsão que variam de 57,85 a 89,01%. Este trabalho melhorou a previsão dos factores de risco ao incluir características relacionadas com a insuficiência cardíaca e ao utilizar abordagens híbridas na estratégia sugerida. Os resultados indicam que a abordagem sugerida é mais eficaz na previsão do risco de insuficiência cardíaca em hospitais. Este método pode ser expandido através da utilização de dados extensivos para identificar a insuficiência cardíaca em todas as categorias durante a fase de teste. Em [39], os investigadores desenvolveram um método automatizado para identificar a insuficiência cardíaca congestiva utilizando um estudo a curto prazo da variabilidade da frequência cardíaca e classificadores de vários estádios. A variabilidade das características da frequência cardíaca foi analisada pela densidade espetral de potência empregando domínios de frequência e temporais com diferentes técnicas de transformação. A primeira parte do processo de classificação utiliza um classificador perceptron que foi treinado usando o GA. Várias abordagens de classificação, como KNN, SVM e MLP, são usadas para testes nesta fase. A abordagem sugerida ultrapassou outras técnicas actuais, alcançando parâmetros como uma taxa de precisão de 95%, uma sensibilidade de 80% e uma especificidade de 98%. Os autores propõem a utilização de uma estratégia baseada na entropia para escolher características relevantes no método de classificação para discussão posterior. Um estudo [40] concluiu que vários autores propuseram diferentes técnicas que beneficiaram significativamente a área médica, centrando-se na proteção da vida humana. Apesar da utilização de muitas metodologias, existem problemas decorrentes de imprecisões na representação do coração e do corpo. Atualmente, a utilização de métodos de ML no sector da saúde tem beneficiado significativamente o pessoal médico na proteção da vida humana. Os autores examinaram uma estratégia de previsão híbrida para a deteção de problemas cardíacos, utilizando metodologias SMO e ANN. Esta estratégia sugerida ultrapassou as formas existentes, alcançando uma taxa de precisão de 95,4 por cento na previsão de doenças cardíacas, o que é considerado superior aos métodos estabelecidos. Os autores defendem que a precisão pode ser melhorada utilizando grandes conjuntos de dados em conjunto com várias estratégias de seleção de características. Em [41], os investigadores utilizaram uma mistura de técnicas de ML e DL para analisar dados de doenças cardíacas do repositório UCI. São tidas em conta 14 características primárias para a avaliação. O estudo utiliza métricas de desempenho como a precisão e a matriz de confusão. As características do conjunto de dados são analisadas utilizando uma floresta de isolamento e os seus valores são normalizados para melhorar os resultados. Os métodos DL tiveram uma eficiência de 94,2 por cento. A avaliação é efectuada utilizando métricas de desempenho. O método K Nearest Neighbor é considerado o classificador superior entre vários algoritmos de aprendizagem automática para as 13 características dos conjuntos de dados. Em [42], os investigadores analisaram a seleção de características e as abordagens de classificação para prever perturbações cardíacas. A metodologia de seleção de características pode aumentar a precisão dos métodos de classificação. Os algoritmos de ML podem ser melhorados através da utilização de métodos de redução da dimensionalidade. Os algoritmos de classificação são utilizados no conjunto de dados para avaliar o desenvolvimento adaptativo, a automatização e a avaliação do sistema de diagnóstico de doenças crónicas de uma forma inteligente. Foram utilizadas técnicas de classificação paralelas para aumentar a eficiência e acelerar o procedimento. Foi realizada uma avaliação do sistema de classificação adaptativa e da classificação paralela para identificar doenças crónicas nas fases iniciais. Estes dispositivos também ajudarão os médicos e outros técnicos clínicos. A precisão do classificador pode ser melhorada e a eficiência da abordagem pode ser reforçada.

Outro estudo [43] propôs um novo quadro para a previsão de doenças no sector médico. Esta abordagem foi desenvolvida para reduzir características em conjuntos de dados relacionados com doenças renais crónicas, doenças cardíacas e diabetes, utilizando SVM com Kernel de Base Radial. Analisámos o desempenho da estratégia sugerida em comparação com os métodos ML existentes, como os algoritmos RF, SVM-linear, SVM-polinomial e DT na plataforma R studio. A observação foi efectuada a partir do conjunto de dados adquirido da UCI. A estratégia apresentada demonstrou uma precisão superior em comparação com os métodos estabelecidos. Os ensaios mostraram que a abordagem sugerida atingiu taxas de precisão de 98,3% para doenças renais crónicas, 89,9% para conjuntos de dados de doenças cardíacas e 98,7% para conjuntos de dados de diabetes. Os investigadores sugeriram uma nova abordagem [44] para selecionar eficazmente as características utilizando uma RNA baseada num autoencoder. O principal objetivo desta técnica sugerida é melhorar o desempenho da previsão. O método do classificador combinado, juntamente com o algoritmo de integração dinâmica, foi utilizado para a classificação. Esta abordagem identifica eficazmente as características mais óptimas utilizando algoritmos ML e demonstrou um desempenho superior na deteção de doenças cardíacas em fase inicial. Foram utilizados e confirmados vários conjuntos de dados para melhorar o desempenho. Além disso, os dados de amostra utilizados são insuficientes e é necessária uma quantidade substancial de dados para expandir o conjunto de dados de acordo com os requisitos do repositório da UCI. Em [45], os investigadores afirmam que os algoritmos de aprendizagem ativa podem ser utilizados para detetar e diagnosticar doenças cardíacas. Os métodos de aprendizagem ativa aumentam a precisão da classificação, integrando o feedback do sistema do utilizador-perito com dados minimamente rotulados. Pratiyush e colaboradores [46] estudaram a forma como os classificadores de conjunto na arquitetura XAI podem ser utilizados para prever doenças cardíacas utilizando conjuntos de dados de DCV. A investigação analisou um conjunto de dados constituído por 303 instâncias e 14 variáveis, que incluíam categorias, números inteiros e características de tipo real. O desafio de classificação incluiu métodos como KNN, SVM, NB e LR.

2.2 Trabalhos relacionados com a aprendizagem profunda

Vários algoritmos de DL melhoram o desempenho da aprendizagem, alargam o âmbito das aplicações e simplificam o processo de computação. A longa duração do treino dos modelos de DL continua a ser uma preocupação significativa para os investigadores. Foram criadas várias técnicas inovadoras na investigação para acelerar o processamento do DL. As estruturas consistem em métodos estruturados, metodologias de otimização, métodos de difusão e apoio infraestrutural. São concebidas para simplificar o processo de implementação e melhorar a investigação e o desenvolvimento a nível do sistema. Esta secção apresenta algumas metodologias e sistemas de destaque. Em [47], os investigadores desenvolvem um sistema estocástico generativo para formação não supervisionada que se baseia em operações de transição da cadeia de Markov Monte Carlo, como substituto da probabilidade máxima. Apenas um número limitado de indivíduos possui as GPUs de alta velocidade e o hardware robusto necessários para construir com sucesso uma DNN a partir do zero. Por conseguinte, é habitual pré-treinar uma DNN, tal como uma CNN, utilizando grandes conjuntos de dados semelhantes ao ImageNet. Na segunda situação, o modelo tem de continuar a aprender a modificar a ponderação de alguns ou de todos os componentes de alto nível da DNN. Este método é considerado aprendizagem semi-supervisionada, uma vez que não existem dados rotulados suficientes para treinar completamente uma DNN. Os modelos pré-treinados de linguagem, como o BERT, têm demonstrado proficiência na extração de informações globais do texto. No entanto, verifica-se que estes modelos podem ser melhorados através da incorporação de conhecimento especializado, como a consciência dos sintomas, diagnóstico, terapias e outros elementos relacionados com a doença. Os investigadores [48] integraram o BERT com informação sobre a doença para melhorar estas tarefas importantes. Os ensaios sobre as três tarefas demonstram que estes modelos podem ser melhorados de forma consistente, confirmando a eficácia da incorporação de informações sobre doenças. Os resumos de conversas médicas devem ser abrangentes e incluir toda a informação relevante do ponto de vista médico. A construção de modelos de sumarização eficazes requer uma quantidade substancial de dados rotulados, que podem ser difíceis de obter. Chintagunta e colegas [49] propuseram um método para gerar dados de treino artificiais centrados na recolha de informações médicas relevantes. A abordagem utilizou o Generative Pre-trained Transformer 3 (GPT-3). Experiências exaustivas mostraram que este método produzia dados de treino de alta qualidade. Quando combinado com dados rotulados por humanos, resultou em resumos que eram notavelmente melhores em termos de precisão e coerência médica em comparação com modelos treinados apenas com dados humanos. Os registos médicos electrónicos fornecem uma panorâmica completa do historial médico de um indivíduo. A maior disponibilidade destas ferramentas inspirou novas abordagens para as utilizar. Os modelos DL revelaram-se vantajosos para atingir este objetivo devido às ligações complexas entre a informação médica e os resultados dos doentes. A capacidade do presente estudo para processar sequências longas e as possíveis utilizações da modelação de sequências longas nos cuidados de saúde e nos sistemas de registo de dados electrónicos são restrições fundamentais. Espera-se que a recolha de um historial completo de contactos médicos melhore a precisão das previsões. No entanto, a inclusão de informações de várias fontes ao longo de muitos anos pode estar para além da capacidade da maioria dos algoritmos de DL. O Hi-BEHRT é um modelo de transformação concebido para melhorar as associações a partir de sequências mais longas, como sugerido pelos investigadores [50]. O Hi-BEHRT ultrapassa o estado da arte das técnicas de aprendizagem profunda, utilizando um EHR longitudinal em rede multimodal de grande escala. Um método eficaz de pré-treinamento contrastivo de ponta a ponta para o Hi-BEHRT usando EHR é mostrado para melhorar sua generalização para a previsão de eventos clínicos com um pequeno conjunto de dados de treinamento devido à falta de pré-treinamento validado para transformadores hierárquicos.

Diferentes métodos de ML e DL são utilizados em diferentes documentos para comparar e analisar os resultados do conjunto de dados UCI [51]. São utilizadas medidas de precisão e uma matriz de confusão para obter resultados positivos múltiplos e garantir que estão correctos. Foi utilizada uma abordagem DL para obter uma taxa de sucesso de 94,2%. Outro investigador criou um sistema que utiliza SVM, LR, KNN, NB e DT para classificação [52]. Os algoritmos de seleção de características são utilizados para aumentar a precisão da classificação e reduzir o tempo necessário para executar um sistema de classificação. As características escolhidas pelas técnicas de seleção de características foram utilizadas para testar o funcionamento dos classificadores.

A avaliação regular é crucial nas fases iniciais do tratamento para prever a DCV, uma vez que ajuda a mitigar os riscos associados [53]. A ressonância magnética e a tomografia computorizada, embora capazes de produzir imagens cardíacas de alta qualidade, não são ideais para a previsão devido à sua aquisição prolongada, ao período de acessibilidade limitado e à dependência da radiação. A DCV ocorre devido à acumulação de depósitos de lípidos (colesterol) nos revestimentos internos das artérias, levando à constrição ou obstrução das artérias coronárias. O modelo de sistema descrito na referência [54] pode analisar o comportamento humano e identificar eficazmente padrões nos registos médicos. A combinação de Data Mining e NBs pode produzir previsões exactas. Num dos estudos, o DSHDPS é implementado como uma solução de questionário baseada na Web [55]. O modelo pode descobrir e extrair as ligações ocultas ligadas à doença arterial coronária de acordo com as respostas do utilizador. Este método tem potencial para ser o meio mais eficaz de previsão de doenças cardíacas.

2.3 Últimos trabalhos relacionados

Esta secção apresenta o estudo realizado por vários académicos no domínio da deteção de DCV utilizando metodologias de ML e DL.

Utilizando diferentes técnicas de ML, os investigadores criaram uma forma de encontrar, categorizar e melhorar a eficiência do diagnóstico de doenças cardiovasculares [56]. O principal objetivo era encontrar dezassete factores de risco de DCV utilizando métodos para alterar e classificar dados mistos. O seu estudo, que utilizou um conjunto de dados reais de um hospital, mostrou que o método sugerido funcionou melhor do que outros métodos estatísticos e de ML. Nomeadamente, o Sistema de Inferência Neuro-Fuzzy Adaptativo (ANFIS) fez as previsões mais exactas, com 96,56%. O SVR ficou em segundo lugar, com 91,95%. Num estudo diferente, os investigadores utilizaram a Design Science Research (DSR) para criar um sistema com um dispositivo vestível e uma aplicação móvel para a previsão de doenças cardíacas [57]. Utilizando o ML e a Internet das Coisas (IoT), o sistema classifica os utilizadores em grupos com base no seu risco de DCV. Um valor de F1 de 80,4% para três níveis de risco e de 91% para dois níveis de risco mostra que o sistema funciona bem. O conjunto de dados do UCI Repository foi utilizado para obter os dados para este estudo.

Além disso, foram utilizados algoritmos de ML para fazer previsões e tomar decisões para doentes paquistaneses com DCV [58]. O algoritmo RF foi o que funcionou melhor, com uma taxa de exatidão de 85,01%, e foi escolhido como o melhor para classificar e prever a DCV. Num estudo relacionado, os investigadores utilizaram modelos de ML como o RF, o classificador DT, o MLP e o XGBoost num conjunto de dados de 70 000 instâncias do Kaggle para criar um modelo que pudesse prever com precisão as DCV [59]. Todos os modelos foram muito precisos, mas o MLP teve o melhor desempenho, com uma precisão de 87,28%. Este estudo mostra que o ML tem potencial para reduzir os diagnósticos errados de doenças cardíacas. Num estudo diferente, foram utilizados os registos de saúde electrónicos de 95.935 pessoas para criar um modelo ML capaz de prever as DCV [60]. O estudo também descobriu que o risco de estenose da artéria coronária aumentava à medida que aumentavam os quartis do ISCAD. Este facto mostra que o modelo pode ser utilizado para prever resultados clínicos. Vários investigadores criaram uma forma de prever doenças cardíacas que utiliza mais do que um método. Continua a ser difícil fazer previsões exactas sobre a gravidade da doença cardíaca. Dois sinais importantes que mostram com precisão o estado do coração são o índice cardíaco e o estado vascular do coração. Noutro trabalho, a IoT e a aprendizagem automática são utilizadas para criar uma nova forma de prever doenças cardíacas [61]. Inicialmente, foram utilizados vários sensores para recolher dados. Diferentes algoritmos de ML e técnicas híbridas para extrair e escolher recursos foram usados para construir modelos de treinamento fortes.Um dos autores usou diferentes métodos de ML, como LR, RF, SVMs e k- Nearest Neighbors (KNN), para encontrar doenças cardíacas [62]. Além disso, este trabalho analisa artigos de investigação sobre métodos de ML e DL que tentam encontrar boas formas de rastrear, identificar e prever doenças cardíacas. Também analisa a forma como estas tecnologias ajudam as pessoas a fazer escolhas inteligentes relativamente à sua saúde. Após uma série de testes, verificou-se que os SVMs são os mais exactos (96% das vezes). A identificação precoce de anomalias cardiovasculares no campo da medicina é uma dificuldade séria. Esta investigação realizada por autores melhora a precisão da previsão de doenças cardíacas utilizando métodos ML [63]. Utilizando GridsearchCV e validação cruzada de cinco vezes para otimizar a precisão dos modelos. O algoritmo de classificação de conjunto, que integra as seis abordagens, alcançou uma precisão de 93,44% para o conjunto de dados de Cleveland e 95% para a base de dados IEEE Dataport. Este resultado ultrapassou os algoritmos LR e AdaBoost em termos de desempenho em ambos os conjuntos de dados. O estudo também examinou a redução da precisão em cada iteração para avaliar o desempenho do modelo nos dados padrão. Os dados dos doentes são cruciais na área da cardiologia no âmbito do sistema de saúde. Uma outra investigação apresenta um modelo sugerido concebido para encontrar a melhor técnica de ML para prever com precisão ataques cardíacos nas primeiras fases [64]. As ideias de ML são utilizadas para treinar e avaliar um modelo que utiliza dados de pacientes para melhorar a tomada de decisões. O modelo sugerido tem três fases: recolha e análise de dados de doentes na fase inicial, e teste e formação de dados utilizando técnicas de ML como RF, SVMs e DT na fase seguinte. O método RF alcançou a maior precisão de classificação de 94,958%. Foram utilizadas abordagens de otimização de hiperparâmetros, como a pesquisa aleatória, para melhorar ainda mais os resultados da classificação na terceira fase. Num outro estudo [65], os investigadores introduziram uma abordagem de ML supervisionada para criar uma abordagem de previsão precisa para a ocorrência de DCV, salientando o melhor desempenho da técnica SMOTE. Um exame aprofundado e a compreensão das variáveis de risco são apresentados para investigar o seu significado e papel na previsão de DCV. As características de entrada são utilizadas para treinar e avaliar muitos modelos de ML para escolher o mais adequado para um problema de categorização binária com uma distribuição uniforme de probabilidades por classe. Recentemente, foram criados vários sistemas avançados de cuidados de saúde utilizando várias técnicas de ML e de otimização de enxames para prever as DCV. As soluções existentes não foram bem sucedidas na obtenção de uma maior precisão na previsão de DCV devido à ausência de abordagens reconhecidas pelos dados. Noutro estudo [66], os autores apresentam um sistema inteligente de cuidados de saúde concebido para detetar doenças cardiovasculares utilizando uma técnica Swarm-ANN. Esta técnica começa por criar aleatoriamente um determinado número de NNs para treinar e avaliar a estrutura. As populações de NN são treinadas através de duas fases de ajustamento de pesos e os seus pesos são modificados utilizando uma formulação heurística recentemente desenvolvida. O método Swarm-ANN, tal como sugerido, tem uma precisão de 95,78% na previsão de doenças cardiovasculares em doentes, utilizando um conjunto de dados de referência. Um outro trabalho visa criar um modelo de ML para a previsão de DCV em fase inicial, utilizando várias estratégias de seleção de características para encontrar características importantes. Foram utilizados três métodos distintos: o qui-quadrado e a ANOVA. Os autores utilizaram várias estratégias de seleção de características para identificar os aspectos mais essenciais do prognóstico de doenças cardíacas. Posteriormente, aplicaram seis algoritmos de ML distintos a estas características seleccionadas. Cada algoritmo gerou uma pontuação distinta com base em determinados critérios escolhidos. O SVM e o LR superaram todos os outros algoritmos em termos de desempenho. No entanto, a quantidade de dados de DCV foi insuficiente para desenvolver um modelo de previsão mais exato. Para aumentar a precisão, é necessário efetuar a mesma análise num enorme conjunto de dados de informações de doentes do mundo real. O cerne do trabalho efectuado e os desafios associados foram destacados no quadro 2.1.

Quadro 2.1: Análise comparativa da literatura revista, juntamente com as lacunas de investigação

Trabalho de referência	Técnica utilizada	Processo utilizado	Vantagem	Lacunas de investigação
[26]	NB	Utilização do modelo	Dar respostas a	Limitada
		O NBdata	complexo	Cobertura de
		abordagem mineira	Desafios com	Doenças cardiovasculares
			O diagnóstico de	
			doença cardíaca	
[29]	SMOTE, XGBoost	Coração HDPM doença	Recolha de um conjunto de dados de um	Conjunto de dados limitado tamanho
		previsão	localização específica	
		modelo	e consultar um especialista em coração para	
			validar o modelo projetado	
[34]	SVM, GA	Melhorar a otimização de funções para detetar características-chave	Eficiência na previsão de doenças cardíacas em relação a outras técnicas	Necessidade de trabalhar noutros classificadores também
[36]	DT	Abordagem de classificação para a previsão de doenças cardiovasculares	Várias estratégias combinatórias foram concebidas para prever doenças cardíacas	É necessária a integração da extração de dados com outras abordagens de ML
[47]	CNN, DNN	Um sistema estocástico generativo para treino não supervisionado	Este método é considerado uma aprendizagem semi-supervisionada	Não existem dados rotulados suficientes para completamente treinar o modelo
[68]	LR, RF, SVMs, KNN	Utilização de vários modelos de ML para identificar a DCV	O estudo analisa a forma como estas tecnologias ajudam as pessoas a fazer escolhas inteligentes sobre a sua saúde	A complexidade é elevada

| [64] | RF, SVM, DT | As ideias de ML são utilizadas para treinar e avaliar um modelo utilizando dados de doentes para melhorar tomada de decisões | Foram utilizadas abordagens de otimização de hiperparâmetros, como a pesquisa aleatória, para Melhorar ainda mais a classificação | A exatidão é limitada |
| [66] | Enxame - RNA | Sistema de saúde concebido para detetar doenças cardiovasculares | Boa precisão na identificação de doenças cardiovasculares em doentes utilizando um conjunto de dados de referência | Complexidade da abordagem e elevado consumo de tempo |

2.4 Lacunas de investigação

Neste ponto, discutimos as principais questões que devem ser trabalhadas e as inferências retiradas do trabalho de investigação realizado pelos investigadores na secção anterior, para que se possa fazer um trabalho futurista nesse aspeto.

As inferências retiradas do trabalho relacionado com o ML na CVD são as seguintes:
(1) Podem ser utilizadas características médicas avançadas adicionais para aumentar a precisão e a eficácia do modelo.
(2) Combinar a extração de dados e as técnicas de ML com os modelos actuais para criar soluções eficazes.
(3) A melhoria do processamento pode ser conseguida através da utilização de um algoritmo genético para dar prioridade à escolha de características e parâmetros de entrada.

Do mesmo modo, as inferências retiradas do trabalho relacionado com a DL na CVD são as seguintes:
(1) No caso das RNA, é possível modificar a estrutura e otimizar os algoritmos de treino para obter maior precisão nos resultados.
(2) Em geral, quando se considera o MLP com Back Propagation tende a produzir resultados superiores em comparação com outros modelos.
(3) A exatidão é normalmente considerada como a principal medida de desempenho na maioria dos modelos de aprendizagem profunda.

No entanto, os investigadores também podem explorar métricas alternativas que estejam de acordo com os requisitos específicos do diagnóstico. Existem ainda algumas lacunas de investigação na utilização do ML para o diagnóstico de

DCV, apesar de se terem registado grandes avanços. Em primeiro lugar, existe uma grande diferença na forma como estes modelos funcionam em diferentes grupos de pessoas. Isto mostra que precisamos de conjuntos de dados mais inclusivos e representativos para treinar estes algoritmos. Muitos dos estudos que estão a ser realizados atualmente utilizam dados de locais ou grupos de pessoas específicos, o que pode torná-los menos úteis noutras situações. Em segundo lugar, muitos dos modelos actuais colocam a precisão à frente da interpretabilidade, que é uma parte muito importante da aplicabilidade clínica. Os profissionais de saúde precisam de saber como um modelo faz as suas previsões para poderem confiar nele e utilizá-lo eficazmente na tomada de decisões clínicas. Além disso, a combinação de diferentes tipos de dados, como a genómica, os factores de estilo de vida e os dados ambientais, ainda não está totalmente explorada. Esta abordagem global é necessária para a medicina personalizada, mas é frequentemente limitada pela quantidade e qualidade dos dados disponíveis. Além disso, a potência e os recursos informáticos necessários para utilizar estes modelos avançados de aprendizagem automática em contextos clínicos reais são frequentemente esquecidos, o que dificulta a sua utilização generalizada, especialmente em locais com poucos recursos. Por último, não existem estudos longitudinais suficientes que analisem a precisão e a fiabilidade destes modelos de aprendizagem automática na previsão dos riscos e dos resultados das doenças cardiovasculares ao longo do tempo. Isto é importante para a sua utilidade na medicina preventiva. Estas lacunas de investigação têm de ser colmatadas para que as ferramentas de diagnóstico baseadas em aprendizagem automática para as doenças cardiovasculares sejam mais úteis, fáceis de utilizar e clinicamente integradas.

2.5 Objectivos

1. Estudar e analisar as técnicas de aprendizagem automática e de aprendizagem profunda existentes para as doenças cardiovasculares.
2. Propor uma nova abordagem baseada na aprendizagem profunda para a deteção de doenças cardiovasculares.

3. Aplicar métricas de avaliação para verificar a eficiência do modelo proposto.

4. Efetuar uma análise comparativa da técnica proposta com as técnicas existentes.

2.6 Conclusão

Uma componente importante da taxa de mortalidade é a doença cardíaca. Quando estas ocorrem, não há sinais de alerta. O diagnóstico de DCV requer testes laboratoriais e exames imagiológicos. Neste capítulo, é apresentada uma panorâmica da investigação anterior sobre a previsão de doenças cardiovasculares utilizando técnicas de ML e DL. Em conclusão, os métodos actuais de diagnóstico das doenças cardiovasculares são úteis, mas têm problemas de precisão, combinação de dados, facilidade de utilização e capacidade de prever o que vai acontecer. A DL é uma forma nova e poderosa de lidar com estes problemas, que marca o início de uma nova era no diagnóstico cardiovascular e nos cuidados aos doentes.

CAPÍTULO 3
METODOLOGIA DE INVESTIGAÇÃO

3.1 Metodologia utilizada

Neste capítulo, foram dados os principais passos para o pré-processamento dos dados, bem como para o desenvolvimento do modelo e a sua aplicação.

3.1.1 Recolha de dados

Este conjunto de dados, com origem no ano de 1988, é uma agregação de quatro bases de dados distintas: Cleveland, Hungria, Suíça e Long Beach V. Inclui um conjunto extenso de 76 atributos, embora a maioria dos estudos e experiências publicados utilize principalmente um subconjunto de 14 atributos-chave. No centro deste conjunto de dados está o atributo "alvo", um campo de valor inteiro que indica a existência de doença cardíaca nos doentes, em que um valor de 0 significa a inexistência de doença e 1 denota a sua existência. O conjunto de dados fornece uma panorâmica abrangente de vários indicadores de saúde e medidas de diagnóstico. Estes incluem a idade e o sexo dos doentes, o tipo de dor no peito categorizado em quatro valores distintos, a tensão arterial em repouso, os níveis de colesterol sérico medidos em mg/dl e os níveis de açúcar no sangue em jejum com um indicador binário se excederem 120 mg/dl. Inclui também os resultados electrocardiográficos em repouso classificados em três categorias (0, 1, 2), a frequência cardíaca máxima atingida por um indivíduo, a presença ou ausência de angina induzida pelo exercício e a métrica do pico antigo, que denota depressão devido ao exercício.

A análise inclui a avaliação do gradiente do segmento ST de pico de atividade, o número de vasos principais (intervalo de 0 a 3) identificados por fluoroscopia e uma caraterística da talassemia categorizada como normal (0), defeito fixo (1) ou defeito reversível (2). Para manter a confidencialidade, todos os dados pessoais identificáveis, tais como nomes de pacientes e números de segurança social, foram sistematicamente substituídos por valores fictícios para proteger a privacidade e o anonimato das pessoas no conjunto de dados.

O conjunto de dados está disponível nos seguintes URLs

- https://www.kaggle.com/datasets/johnsmith88/heart-disease-dataset
- https://www.kaggle.com/datasets/rishidamarla/heart-disease-prediction

- https://www.kaggle.com/datasets/redwankarimsony/heart-disease-data

3.1.2 Pré-processamento de dados

No pré-processamento do conjunto de dados de doenças cardíacas, é adotada uma abordagem abrangente para preparar os dados para um treino eficaz do modelo de ML, garantindo precisão e eficiência nos resultados da previsão. Inicialmente, o conjunto de dados, que inclui uma coleção rica de atributos clínicos, é carregado utilizando o Pandas, uma poderosa biblioteca de manipulação de dados. O conjunto de dados engloba uma mistura de características categóricas e numéricas, cada uma exigindo técnicas de pré-processamento distintas. Para enfrentar o desafio dos valores em falta, que podem distorcer ou invalidar significativamente o desempenho do modelo, é utilizado um "SimpleImputer".Em contrapartida, para atributos categóricos, o valor mais frequente é utilizado para imputar dados em falta, preservando assim a distribuição inerente dos dados. Após a imputação, as características numéricas são normalizadas através do 'StandardScaler', que ajusta os dados a uma escala padrão com um valor médio de zero e um valor de desvio padrão de um. Esta normalização é crucial, particularmente para modelos sensíveis à escala e à distribuição dos dados de entrada, uma vez que atenua o risco de ponderar desproporcionadamente as características e assegura uma contribuição equilibrada para o modelo preditivo. Simultaneamente, as variáveis categóricas são transformadas utilizando o "OneHotEncoder", que as converte num formato passível de ser utilizado por algoritmos de aprendizagem automática. Esta codificação cria colunas binárias para cada categoria, permitindo que o modelo interprete e tire partido destes atributos categóricos de forma eficaz, sem a imposição errónea de ordinalidade que pode resultar da codificação numérica. Todo o fluxo de trabalho de pré-processamento é orquestrado de forma elegante utilizando o "ColumnTransformer" e o "Pipeline" do Scikit-Learn, que simplificam a aplicação de transformações distintas aos respectivos tipos de características, assegurando um processo contínuo e sem erros. Esta abordagem modular não só melhora a legibilidade e a facilidade de manutenção do código, como também garante a consistência na transformação de dados, um aspeto crítico tanto na formação como na subsequente aplicação do modelo em previsões.Finalmente, o conjunto de dados transformado é encapsulado num novo DataFrame, com os nomes das características meticulosamente ajustados para refletir as alterações pós-codificação, particularmente para as variáveis categóricas codificadas com um único ponto. Esta estratégia abrangente de pré-processamento, adaptada às características específicas do conjunto de dados de doenças cardíacas, estabelece uma base sólida para o desenvolvimento de um modelo preditivo forte e preciso.

3.1.3 Análise estatística

O script fornecido efectua eficazmente uma análise estatística detalhada de um conjunto de dados de doenças cardíacas, tirando partido dos testes Qui-Quadrado e T-T para desvendar as relações intrincadas entre várias características categóricas e numéricas. O conjunto de dados, obtido a partir de '/kaggle/input/heart-disease-dataset/heart.csv', é primeiro carregado num Pandas DataFrame, uma estrutura de dados versátil que facilita a manipulação e análise eficientes dos dados. A análise bifurca as características do conjunto de dados em tipos categóricos e numéricos. As variáveis categóricas "sex", "cp" (tipo de desconforto no peito), "fbs" (glicemia em jejum), "restecg" (resultados electrocardiográficos do sono), "exang" (dor no peito induzida pelo exercício), "slope", "thal" e "target" (a existência de doença cardíaca) são cruciais para discernir categorias distintas nos dados dos doentes. Aspectos numéricos como "idade", "trestbps" (tensão arterial durante o sono), "chol" (colesterol sérico), "thalach" (frequência cardíaca mais elevada atingida), "oldpeak" e "ca" (número de vasos principais coloridos por fluoroscopia) fornecem informações quantitativas constantes. O guião utiliza dois testes estatísticos fundamentais: o teste do qui-quadrado e o teste T. Durante a implementação na função chi_square_test, explora sistematicamente todos os pares de variáveis categóricas. Para cada par, constrói uma tabela de contingência e calcula a estatística do qui-quadrado e o valor p associado. Este teste é fundamental para determinar se existe uma associação estatisticamente significativa entre pares de variáveis categóricas, uma informação crucial para compreender as interdependências nos dados. Além disso, o script executa testes T através da função t_test para todas as combinações de variáveis categóricas e numéricas. O teste T avalia se as médias de uma variável numérica diferem significativamente entre as duas categorias de cada variável categórica. Este teste é vital para identificar diferenças significativas nas medidas numéricas, como a tensão arterial ou os níveis de colesterol, quando estratificadas por categorias como o sexo ou a presença de angina. Ao apresentar os resultados do teste Qui-Quadrado e do teste T, o script ilumina as relações estatísticas críticas no conjunto de dados, melhorando a compreensão da forma como diferentes factores podem estar correlacionados com ou afetar a presença de doenças cardíacas. Esta análise serve como uma base sólida para uma modelação preditiva adicional ou uma análise exploratória aprofundada dos dados. Os resultados registados são apresentados na Tabela 3.1 e na Tabela 3.2, respetivamente.

Tabela 3.1. Resultados dos testes de qui-quadrado

Característica 1	Característica 2	Estatística do Qui-Quadrado	Valor de p
sexo	cp	19.39	0.00023
sexo	fbs	0.60	0.43799
sexo	restecg	13.55	0.00114
sexo	exang	19.21	1.17e-05
sexo	declive	2.10	0.34917
sexo	talo	142.41	1.14e-30
sexo	objetivo	78.86	6.66e-19
cp	fbs	11.30	0.01019
cp	restecg	33.07	1.02e-05
cp	exang	236.91	4.44e-51
cp	declive	91.33	1.60e-17
cp	talo	137.11	4.07e-25
cp	objetivo	280.98	1.30e-60
fbs	restecg	11.38	0.00337
fbs	exang	2.20	0.13771
fbs	declive	11.39	0.00336
fbs	talo	22.85	4.35e-05
fbs	objetivo	1.51	0.21862
restecg	exang	10.59	0.00502
restecg	declive	38.95	7.13e-08
restecg	talo	13.90	0.03080
restecg	objetivo	35.78	1.70e-08
exang	declive	88.39	6.39e-20
exang	talo	110.65	7.93e-24
exang	objetivo	194.82	2.83e-44
declive	talo	117.42	5.66e-23
declive	objetivo	155.87	1.42e-34
talo	objetivo	280.33	1.80e-60

Tabela 3.2: Resultados dos testes T

Característica 1	Característica 2	Estatística T	Valor de p
sexo	idade	3.32	0.00093
sexo	trestbps	2.53	0.01143
sexo	cólera	6.47	1.52e-10
sexo	talaque	1.58	0.11422
sexo	pico antigo	-2.72	0.00667
sexo	ca	-3.60	0.00034
cp	idade	5.89	6.02e-09
cp	trestbps	2.62	0.00894
cp	cólera	1.19	0.23502
cp	talaque	-11.22	6.96e-27
cp	pico antigo	10.82	3.14e-25
cp	ca	6.18	1.12e-09
fbs	idade	-3.91	9.97e-05
fbs	trestbps	-5.91	4.60e-09
fbs	cólera	-0.86	0.38931
fbs	talaque	0.28	0.77679
fbs	pico antigo	-0.35	0.72840
fbs	ca	-4.43	1.05e-05
restecg	idade	5.46	5.92e-08
restecg	trestbps	5.04	5.52e-07
restecg	cólera	5.67	1.86e-08
restecg	talaque	-3.05	0.00232
restecg	pico antigo	3.91	9.68e-05
restecg	ca	3.11	0.00193
exang	idade	-2.83	0.00473

exang	trestbps	-1.96	0.05015
exang	cólera	-2.16	0.03100
exang	talaque	13.15	1.30e-36
exang	pico antigo	-10.46	2.12e-24
exang	ca	-3.47	0.00054
declive	idade	-0.52	0.60009
declive	trestbps	2.87	0.00422
declive	cólera	-1.72	0.08580
declive	talaque	1.72	0.08669
declive	pico antigo	9.06	2.19e-18
declive	ca	-2.33	0.01993
talo	idade	-1.27	0.20786
talo	trestbps	-1.26	0.21243
talo	cólera	-1.18	0.24134
talo	talaque	0.30	0.76772
talo	pico antigo	-2.11	0.03867
talo	ca	-2.42	0.01829
objetivo	idade	7.54	1.07e-13
objetivo	trestbps	4.48	8.23e-06
objetivo	cólera	3.21	0.00135
objetivo	talaque	-14.93	9.96e-46
objetivo	pico antigo	15.60	2.14e-49
objetivo	ca	13.22	5.70e-37

A primeira Tabela 3.1, que detalha os resultados dos testes de qui-quadrado, ilustra as associações entre pares de variáveis categóricas. Cada linha desta tabela representa uma combinação única de duas características categóricas, acompanhada pela estatística de qui-quadrado calculada e o valor p correspondente. A segunda tabela (3.2) apresenta os resultados dos testes T efectuados entre cada par de características categóricas e numéricas. Este teste é crucial para compreender como as médias das variáveis numéricas diferem entre as diferentes categorias.

Por exemplo, examina se a idade média ou o nível de colesterol varia significativamente entre os diferentes géneros ou entre as pessoas com e sem doença cardíaca. Cada linha desta tabela apresenta um par distinto de características categóricas e numéricas, juntamente com a estatística T e o respetivo valor p associado. A estatística T indica a magnitude da diferença entre os grupos, enquanto o valor p ajuda a determinar o significado estatístico dessa diferença.

3.2 Modelo proposto

Desenvolvemos uma Floresta de Decisão Neural Profunda (DNDF). A arquitetura do modelo é a seguinte:

Modelo: "modelo_1"		
Camada (tipo)	Saída ShapeParam	#
input_4 (InputLayer)	[(Nenhum, 26)]	0
dense_24 (Densa)	(Nenhum, 128)	3456
floresta_de_decisão_neural_1	(Nenhum, 2)	5260

NeuralDecisionForest)

Total de parâmetros: 8716 (34.05 KB)

Parâmetros treináveis: 8716 (34.05 KB)

Parâmetros não treináveis: 0 (0.00 Byte)

Este modelo é treinado para 100 épocas e os resultados obtidos são descritos na
Figura 3.1.

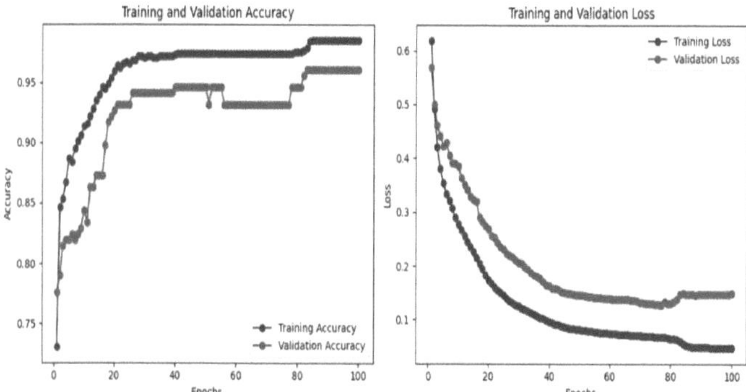

Figura 3. 1. Gráfico da exatidão da validação versus exatidão do treino e perda
do treino versus perda da validação

• **Precisão de treino (0,985 ou 98,5%)**: Este valor elevado de precisão indica
que o modelo previu corretamente o resultado (se a doença cardíaca está
presente ou não) 98,5% das vezes nos dados de treino. A afirmação implica que
o resultado previsto se ajusta bem aos dados de treino e pode categorizar
corretamente a maioria das situações.

• **Perda de treinamento (0,0472)**: A perda é um cálculo do desempenho do
modelo do ponto de vista do seu funcionamento interno. Um valor de perda
menor significa que as previsões do modelo estão mais próximas dos rótulos
reais. Neste caso, a perda de 0,0472 é bastante baixa, indicando que as previsões
do modelo estão, em média, muito próximas dos valores reais no conjunto de
dados de treinamento.

Em resumo, estas métricas implicam que o modelo foi treinado de forma eficaz,
demonstrando uma elevada exatidão e um baixo erro nas suas previsões. A
precisão e a perda do teste estão representadas na Figura 3.2.

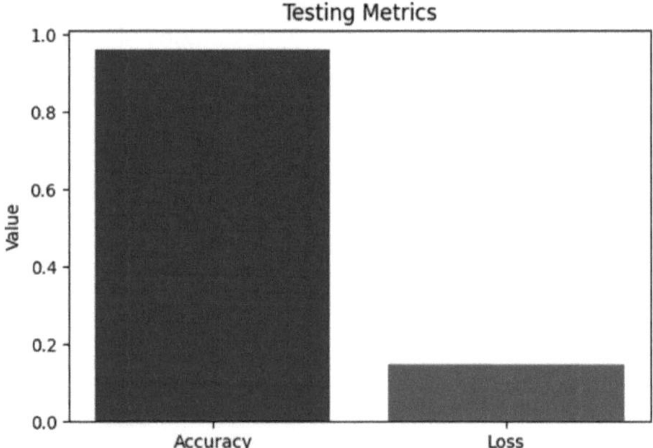

Figura 3.2. Precisão e perda do teste para o modelo proposto

• **Precisão do teste (0,961 ou 96,1%)**: Este valor significa que o modelo previu com êxito o resultado correto (existência ou não de doença cardíaca) 96,1% das vezes nos dados de teste. Este elevado nível de precisão sugere que o modelo não só tem um bom desempenho nos dados de treino, como também generaliza eficazmente para novos dados, o que é crucial para um modelo fiável e robusto.

• **Perda no teste (0,1480)**: A métrica de perda no conjunto de teste mede o erro de previsão do modelo nesses dados não vistos. Uma perda de 0,1480, embora maior do que a perda de treinamento, ainda é relativamente baixa. Isto significa que a exatidão da identificação do modelo no conjunto de teste está, em média, bastante próxima dos valores reais. No entanto, o facto de a perda de teste ser superior à perda de treino é típico, uma vez que os modelos normalmente não têm um desempenho tão bom em dados não vistos em comparação com os dados em que foram treinados.

Em resumo, estas métricas de teste demonstram que o seu modelo tem um forte desempenho preditivo tanto nos dados de treino como nos dados de teste não vistos, mantendo uma elevada precisão e um erro razoavelmente baixo nas suas previsões quando confrontado com novos dados.

Algoritmo-1: Desenvolvimento do modelo

1. Importar as bibliotecas necessárias:

• TensorFlow (tf)

• Camadas e modelos do TensorFlow Keras

2. Definir a camada de floresta de decisão neural:

• Inicializar a classe NeuralDecisionForest como uma subclasse de camadas.

• Defina init para definir o número de árvores (num_trees), a profundidade (depth) e o número de classes (num_classes).

• Implementar create_tree para construir árvores de decisão individuais.

• Definir o método de chamada para agregar as previsões de todas as árvores.

3. Construir o modelo DNDF:

• Defina uma função build_dndf que recebe input_shape, num_trees, depth e num_classes como parâmetros.

• Cria uma camada de entrada com a forma_de_entrada especificada.

• Adicionar uma camada densa com 128 unidades e ativação 'relu'.

• Adicione a camada Floresta de decisão neural com os parâmetros fornecidos.

• Devolver o modelo construído.

4. Preparar o modelo:

• Defina num_features como o número de características nos dados de treino (X_train.shape[1]).

• Instanciar o modelo utilizando build_dndf com os parâmetros adequados, incluindo num_features.

5. Compilar o modelo:

• Compilar o modelo através do optimizador 'Adam'.

• Utilizar 'sparse_categorical_crossentropy' como função de perda.

• Incluir a "exatidão" como uma métrica de avaliação.

6. Treinar o modelo:

• Treinar o modelo utilizando o ajuste do modelo.

• Fornecer dados de formação (X_train, y_train).

• Defina epochs para 100 e batch_size para 32.

• Incluir dados de validação (X_teste, y_teste) para avaliar o desempenho durante a formação.

Para melhorar ainda mais o modelo proposto, realizámos uma otimização dos hiperparâmetros, no entanto, o modelo teve o mesmo desempenho que o modelo sem otimização dos hiperparâmetros, o que significa que utilizámos as melhores métricas. O modelo com otimização de hiperparâmetros é o seguinte:

<h3 align="center">Modelo: "sequencial_1"</h3>

Layer (type)	Output Shape	Param #
dense_3 (Dense)	(None, 320)	8640
dense_4 (Dense)	(None, 160)	51360
dense_5 (Dense)	(None, 320)	51520
dense_6 (Dense)	(None, 1)	321

Total params: 111841 (436.88 KB)

Trainable params: 111841 (436.88 KB)

Non-trainable params: 0 (0.00 Byte)

3.3 Métricas para avaliação

Ao avaliar os modelos de ML, particularmente no diagnóstico de cuidados de saúde, em que o custo de previsões incorrectas pode ser significativo, é essencial utilizar medidas fortes que ofereçam uma visão completa da eficácia do modelo. Segue-se um resumo conciso das medidas de avaliação utilizadas na nossa investigação:

• **Pontuação F1:** A pontuação F1 é uma estatística que combina a precisão e a recuperação utilizando umamédia harmónica para obter um equilíbrio entre as duas. É especialmente benéfica quando existe um desequilíbrio na distribuição das classes, uma vez que considera tanto os falsos positivos como os falsos negativos. A pontuação F1 avalia o desempenho do modelo na deteção de doentes reais de alto risco entre um número potencialmente substancial de verdadeiros negativos.

• **Precisão e Recuperação:** A precisão avalia a eficácia do modelo na previsão de resultados positivos, calculando o rácio de verdadeiros positivos em relação a todas as previsões positivas. A recuperação avalia a capacidade do modelo para identificar todas as instâncias relevantes no conjunto de dados, calculando o rácio de verdadeiros positivos em relação a todos os verdadeiros positivos. Na nossa investigação, a precisão garante que o modelo reduz os falsos alarmes, enquanto a recuperação garante que o modelo detecta o maior número possível de indivíduos de alto risco.

• **Pontuação ROC-AUC:** A curva ROC é uma representação gráfica que mostra até que ponto um algoritmo de classificação binária consegue distinguir entre diferentes classes quando o limiar para tomar decisões muda. A Área Sob a Curva (AUC) quantifica o nível de distinguibilidade. Indica a capacidade do modelo para distinguir entre classes. O desempenho preditivo de um modelo melhora à medida que a AUC aumenta na distinção entre 0s e 1s. A pontuação ROC-AUC é essencial na nossa investigação para avaliar o desempenho do modelo em geral em todos os limiares de categorização. Oferece apenas uma métrica de eficácia independente do limite de decisão exato.

CAPÍTULO 4
RESULTADOS E ANÁLISE

4.1 Implementação do modelo proposto

Aqui, o modelo proposto 1 é calculado utilizando as seguintes métricas: precisão, recordação, pontuação f1, pontuação MCC, exatidão equilibrada, ROC-AUC e kohens kappa. Estas métricas são registadas na Tabela 4.1.

Tabela 4.1. Métricas de avaliação do modelo proposto 1

Métrica	Valor
Precisão	0.9897
Recall	0.9320
Pontuação F1	0.9600
MCC	0.9236
ROC AUC	0.9802
Precisão equilibrada	0.9611
Kappa de Cohen	0.9220

A Tabela 4.1 resume as principais métricas de desempenho do modelo de aprendizagem automática, demonstrando a sua eficácia na classificação de doenças cardíacas. O modelo demonstra uma elevada precisão (98,97%), indicando que a maioria das previsões positivas estão correctas. A recuperação (93,20%) também é substancial, mostrando que identifica com êxito uma proporção significativa de casos positivos efectivos. O Coeficiente de Correlação de Matthews (MCC) de 0,9236 corrobora ainda mais o excelente desempenho do modelo na classificação binária. Com uma AUC ROC de 98,02%, o modelo mostra uma capacidade superior na distinção entre as classes. As métricas Balanced Accuracy (96,11%) e Cohen's Kappa (92,20%) reforçam a robustez do modelo, particularmente no tratamento de qualquer desequilíbrio de classe e na concordância entre a previsão e a realidade, respetivamente. Na sua essência, estas métricas indicam coletivamente um modelo altamente eficaz com fortes capacidades de previsão. A curva ROC para o modelo 1 proposto é apresentada na Figura 4.1.

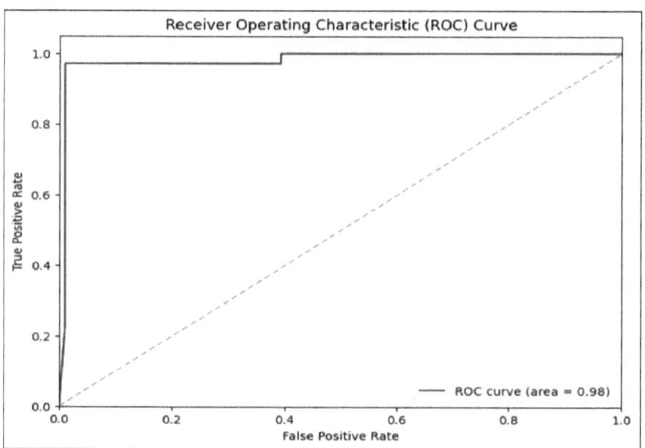

Figura 4.1. Curva ROC-AUC para o modelo proposto 1

Após a otimização dos hiperparâmetros, conforme ilustrado no modelo proposto **"sequential_1"**, obtivemos Perda no teste: 0,39211350679397583 e Precisão no teste: 0,9609755873680115. Os valores de perda e precisão de teste fornecidos oferecem informações importantes sobre o desempenho do modelo de ML em dados não vistos, normalmente referidos como o conjunto de teste. A perda de teste de 0,3921 indica o erro médio que o modelo comete nas suas previsões; quanto menor a perda, melhor as previsões do modelo se alinham com os valores reais. Embora essa perda seja relativamente baixa, ela é um pouco maior em comparação com a perda de treinamento.

Tabela 4.2. Métricas de avaliação do modelo proposto optimizado

Métrica	Valor
MCC	0.9227
Precisão	0.9798
Recall	0.9417
Pontuação F1	0.9604
Precisão equilibrada	0.9611
Kappa de Cohen	0.9220

Por outro lado, a precisão do teste de 96,10% revela que o modelo prevê corretamente o resultado - neste caso, a existência ou não de doença cardíaca - cerca de 96% das vezes quando avaliado em relação aos dados de teste. Este elevado nível de precisão sugere que o modelo não só é eficaz na aprendizagem a partir dos dados de treino, como também generaliza bem para dados novos e não vistos, tornando-o uma ferramenta fiável para previsões em cenários práticos. As métricas de avaliação para um modelo optimizado são descritas na Tabela 4.2 e a curva ROC para o mesmo é apresentada na Figura 4.2.

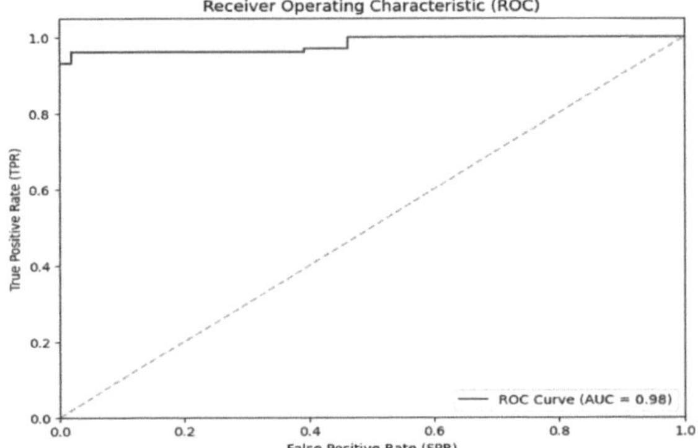

Figura 4.2. Curva ROC-AUC para os modelos optimizados

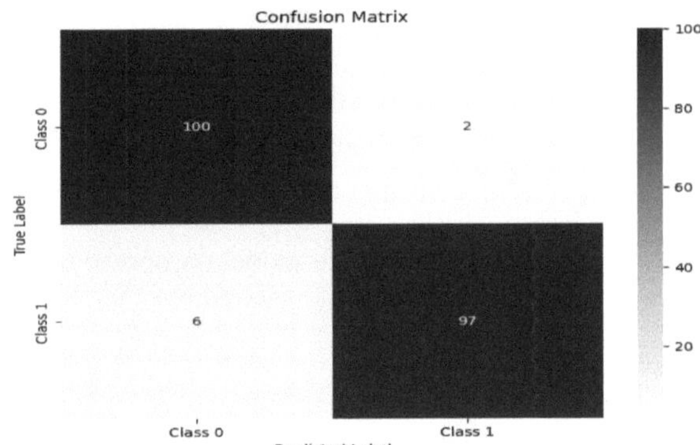

Figura 4.3. Matriz de confusão para previsões

A matriz de confusão foi apresentada na Figura 4.3 e os valores das métricas de teste após a otimização do modelo proposto foram representados na Figura 4.4.

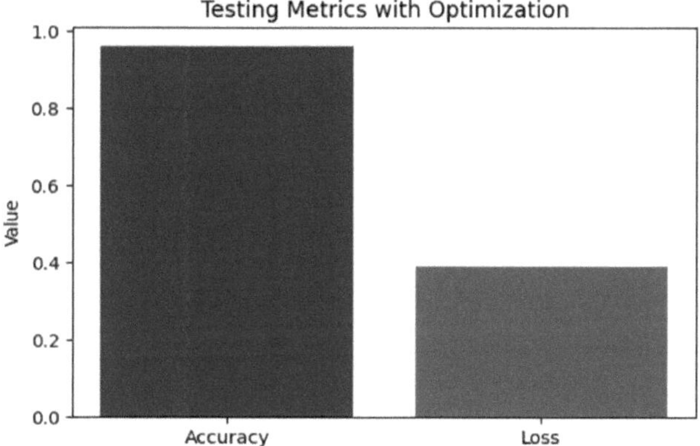

Figura 4.4. Gráficos de exatidão vs. perda

4.2 Análise comparativa

Esta secção compara e avalia a abordagem sugerida com as alternativas actuais que têm um objetivo idêntico baseado em métricas para medir a eficiência.

Tabela 4.3. Avaliação comparativa do modelo proposto com as técnicas existentes

Número de referência	Exatidão	Precisão	Recall	Pontuação F1	MCC	AUC
[41]	94.2%	-	-	-	-	-
[62]	96%	-	-	-	-	-
[52]	92.37%	-	-	-	-	-
[63]	95%	-	-	-	-	-
[64]	95.4%	-	-	-	-	-
[65]	87.8%	88%	88.3%	-	-	98.2%
[66]	95.78%	-	-	-	-	-
[67]	94.51%	-	94.87%	-	-	94.95 %
Trabalho proposto	96.11%	98.97%	93.20%	96.00%	92.36%	98.02%
Trabalho optimizado	96.10%	92.27%	97.98%	94.14%	96.11%	98%

A Tabela 4.3 apresenta uma comparação exaustiva de vários estudos centrados
na identificação de doenças cardíacas utilizando técnicas de aprendizagem
automática. Cada estudo emprega metodologias diferentes, desde classificadores
de aprendizagem automática padrão até técnicas avançadas como aprendizagem
profunda e modelos de conjunto. Os conjuntos de dados utilizados variam, com
vários estudos a utilizarem o popular conjunto de dados da Cleveland Clinic do
repositório da UCI. Em termos de resultados, a precisão dos modelos em todos
os estudos é notavelmente elevada, na sua maioria acima de 90%, indicando
capacidades de previsão eficazes. Alguns estudos também fornecem métricas
adicionais como a precisão, a recuperação e a AUC, que atestam ainda mais a
robustez dos modelos. O trabalho [63] destaca-se pela utilização do
GridsearchCV e de técnicas de ensemble, atingindo uma precisão de até 95%. O
trabalho [65] emprega a técnica SMOTE para lidar com o desequilíbrio das
classes, e o trabalho [67] centra-se na seleção de características para melhorar o
desempenho do modelo. De um modo geral, estes estudos mostram
coletivamente a eficácia de várias abordagens de ML na previsão precisa de
doenças cardíacas, contribuindo cada uma delas com conhecimentos e
metodologias únicos para este domínio.

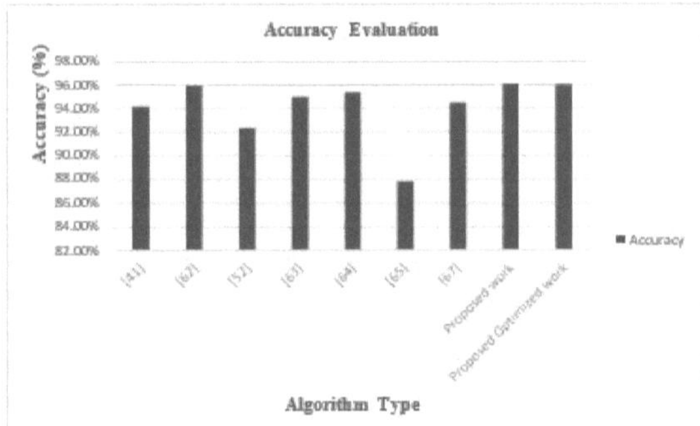

Figura 4.5. Comparação baseada na exatidão da abordagem proposta com os
métodos existentes

A Figura 4.5 mostra que tanto o modelo proposto como o modelo proposto
optimizado têm maior precisão em comparação com as técnicas existentes. Isto
deve-se à integração da DNN com a abordagem RF utilizada nos modelos
propostos, o que conduz a uma elevada precisão. Globalmente, o modelo
proposto é, em média, 2,5% mais exato do que todas as técnicas existentes.

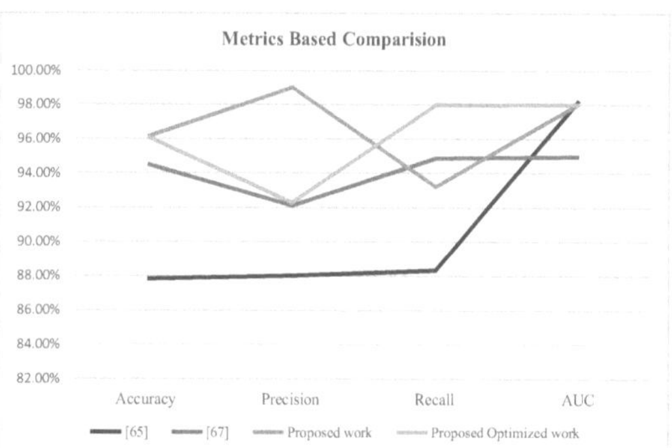

Figura 4.6. Comparação da abordagem proposta com os métodos existentes com base na métrica ML

Do mesmo modo, a avaliação de ambos os modelos propostos foi efectuada com as técnicas existentes com base noutras métricas como a precisão, a recuperação e a AUC. A partir da Figura 4.6, conclui-se que os valores de recuperação e de AUC são mais elevados para os modelos propostos do que para os modelos existentes.

CAPÍTULO 5
CONCLUSÃO E ÂMBITO FUTURO

5.1 Conclusão

A utilização da DL para identificar doenças cardiovasculares é um avanço no domínio dos cuidados de saúde. Os algoritmos de DL utilizam dados médicos extensos para detetar com precisão e eficiência padrões menores associados a diferentes doenças cardiovasculares. Os investigadores obtiveram resultados impressionantes na identificação de doenças cardiovasculares e na avaliação do risco utilizando CNNs para a análise de imagens e RNNs para o processamento de dados sequenciais. Além disso, a combinação de algoritmos sofisticados com vários tipos de fontes de dados, como exames imagiológicos, registos médicos electrónicos e perfis genéticos, melhora as capacidades de diagnóstico dos sistemas de aprendizagem profunda. Esta abordagem abrangente permite uma identificação atempada, planos de tratamento personalizados e melhores resultados para os doentes. Os desafios em matéria de privacidade dos dados, interpretabilidade das previsões do modelo e generalização em grupos de doentes variados ainda estão a ser investigados e desenvolvidos. O impacto significativo do DL na transformação do diagnóstico e tratamento de DCV realça o seu papel crucial na influência do futuro da prestação de cuidados de saúde. Esta dissertação apresenta um resumo de estudos anteriores sobre a previsão de DCV utilizando métodos ML e DL. As abordagens actuais para a identificação de doenças cardiovasculares são benéficas, mas apresentam desafios em termos de precisão, integração de dados, facilidade de utilização e capacidades de previsão. A DL é uma abordagem de vanguarda para resolver estas questões, assinalando o início de uma nova era no diagnóstico das doenças cardiovasculares e no tratamento dos doentes. Em primeiro lugar, o trabalho foi iniciado com a recolha de um conjunto de dados sobre doenças cardiovasculares. Podem ser incluídos dados médicos, imagiológicos, genéticos, de estilo de vida e ambientais. Para melhorar a generalização do modelo, os dados devem ser representativos de populações variadas. A normalização do formato dos dados, os valores em falta e a remoção de duplicados estão incluídos. Além disso, a normalização dos dados garante a uniformidade entre os tipos e as fontes de dados. Posteriormente, procede-se à extração de características úteis dos dados pré-processados. Pode ser necessária a identificação de factores de risco de DCV, como o colesterol, a tensão arterial, a idade e os marcadores genéticos. No final, é efectuado o desenvolvimento do modelo que se baseia na combinação de

56

DNN e RF. Existem dois modelos desenvolvidos neste trabalho. Um é o modelo de base e o outro é o modelo optimizado. O modelo proposto 1 é avaliado utilizando a precisão, a recordação, a pontuação f1, a pontuação MCC, a exatidão equilibrada, o ROC-AUC e o kohens kappa. A precisão do modelo (98,97%) indica que a maioria das previsões positivas estão correctas. Tem também uma elevada recuperação (93,20%), o que indica que detecta muitas instâncias positivas. A exatidão do modelo é demonstrada pela sua pontuação F1 de 96,00%, que equilibra a precisão e a recuperação. A eficácia da classificação binária do modelo é apoiada pelo seu MCC de 0,9236. O modelo distingue bem as classes com uma AUC ROC de 98,02%. As medidas de Exatidão Equilibrada (96,11%) e Kappa de Cohen (92,20%) demonstram a resiliência do modelo, especialmente no desequilíbrio de classes e na concordância previsão-realidade. No modelo proposto optimizado com base na otimização de hiperparâmetros, as pontuações de perda e precisão do teste revelam o desempenho do modelo ML em dados desconhecidos, designados por conjunto de teste. O erro de previsão médio do modelo é de 0,3921. Quanto menor for a perda, melhor será a correspondência entre as previsões do modelo e a realidade. Esta perda é pequena, mas é um pouco maior do que a perda de treino, o que é normal, uma vez que os modelos têm um desempenho fraco em dados desconhecidos. A excelente precisão dos modelos sugeridos resulta da integração da DNN e do RF. Em média, o modelo sugerido é 2,5% mais exato do que todos os outros métodos quando avaliados.

5.2 Trabalho futuro

A combinação de dados de imagiologia com informações de sensores portáteis pode fornecer informações completas sobre a fisiopatologia e o prognóstico da doença. Além disso, o desenvolvimento de novas estruturas e métodos concebidos para a deteção de doenças cardiovasculares, incluindo NNs gráficas para analisar relações intrincadas nos sistemas cardiovasculares, pode aumentar a precisão e a compreensibilidade dos modelos. Para além disso, é essencial abordar questões relacionadas com a explicabilidade e transparência dos modelos para obter aprovação e confiança clínica. A criação de técnicas para representar visualmente e compreender as previsões dos modelos de DL de uma forma que seja relevante para a prática clínica poderá ajudar a incorporá-los nos processos clínicos. É crucial realizar investigações clínicas prospectivas exaustivas para confirmar a eficácia e a praticabilidade dos modelos de DL em cenários do mundo real antes de os utilizar na prática clínica. Os estudos futuros devem dar prioridade à superação destes obstáculos para aproveitar plenamente a promessa do DL de transformar o diagnóstico e o tratamento da DCV.

REFERÊNCIAS

1. M. Bansal, Cardiovascular disease and COVID-19," Diabetes Metab. Syndr., vol. 14, no. 3, pp. 247-250, 2020.

2. A. W. Tutor, C. J. Lavie, S. Kachur, R. V. Milani, e H. O. Ventura, "Updates on obesity and the obesity paradox in cardiovascular diseases," Prog. Cardiovasc. Dis., vol. 78, pp. 2-10, 2023.

3. M. Moshawrab, M. Adda, A. Bouzouane, H. Ibrahim, e A. Raad, "Smart wearables for the detection of cardiovascular diseases: A systematic literature review," Sensors (Basel), vol. 23, no. 2, p. 828, 2023.

4. S. Ramesh e K. Kosalram, "The burden of non-communicable diseases: A scoping review focus on the context of India," J. Educ. Health Promot., vol. 12, p. 41, 2023.

5. A. Khoja et al., "Risk factors for early-onset versus late-onset coronary heart disease (CHD): Systematic review and meta-analysis," Heart Lung Circ., vol. 32, no. 11, pp. 1277-1311, 2023.

6. L. R. Caplan, R. P. Simon, e S. Hassani, "Cerebrovascular disease-stroke," in Neurobiology of Brain Disorders, Elsevier, 2023, pp. 457-476.

7. S. S. Signorelli, E. Marino, S. Scuto e D. Di Raimondo, "Pathophysiology of peripheral arterial disease (PAD): A review on oxidative disorders," Int. J. Mol. Sci., vol. 21, no. 12, p. 4393, 2020.

8. J. Rwebembera et al., "Recent advances in the rheumatic fever and rheumatic heart disease continuum," Pathogens, vol. 11, no. 2, p. 179, 2022.

9. N. A. Shabana, S. U. Shahid, e U. Irfan, "Genetic contribution to congenital heart disease (CHD)," Pediatr. Cardiol, vol. 41, no. 1, pp. 12-23, 2020.

10. S. Navarrete, C. Solar, R. Tapia, J. Pereira, E. Fuentes, e I. Palomo, "Pathophysiology of deep vein thrombosis," Clin. Exp. Med., vol. 23, no. 3, pp. 645-654, 2023.

11. J. A. Sumner, S. Cleveland, T. Chen, e J. L. Gradus, "Psychological and biological mechanisms linking trauma with cardiovascular disease risk," Transl. Psychiatry, vol. 13, no. 1, p. 25, 2023.

12. B. Martins, D. Ferreira, C. Neto, A. Abelha, and J. Machado, "Data Mining for cardiovascular disease prediction," J. Med. Syst., vol. 45, no. 1, p. 6, 2021.

13. V. S. K. Reddy, P. Meghana, N. S. Reddy, e B. A. Rao, "Prediction on Cardiovascular disease using Decision tree and Naïve Bayes classifiers," in Journal of Physics: Conference Series, vol. 2161, IOP Publishing, 2022.

14. X. Su et al., "Prediction for cardiovascular diseases based on laboratory data: Uma análise do modelo de floresta aleatória", J. Clin. Lab. Anal., vol. 34, no. 9, p. e23421, 2020.

15. G. Deivendran, S. Balaji, B. Paramasivan e S. Vimal, "Coronary Illness Prediction Using the AdaBoost Algorithm. Análise e gestão de dados de sensores: O papel do aprendizado profundo", pp. 161-172, 2021.

16. T. T. Hasan, M. H. Jasim e I. A. Hashim, "Sistema de diagnóstico de doenças cardíacas baseado em rede neural perceptron multicamada e máquina de vetor de suporte", International Journal of Current Engineering and Technology, vol. 77, no. 55, pp. 2277-4106, 2017.

17. T. T. Shouman e R. Stocker, "Integrating clustering with different data mining techniques in the diagnosis of heart disease," J Comput Sci Eng, vol. 20, no. 1, 2013.

18. A. Javeed, S. U. Khan, A. L. Ali, S. Imrana, e Y. Rahman, "Sistemas de diagnóstico automatizados baseados na aprendizagem automática desenvolvidos para a previsão da insuficiência cardíaca utilizando diferentes tipos de modalidades de dados: A systematic review and future directions," Comput Math Methods Med, vol. 2022, 2022.

19. Z. Malki, E. Atlam, G. Dagnew, A. R. Alzighaibi, E. Ghada, e I. Gad, "Bidirectional residual LSTM-based Human Activity Recognition," Comput. Inf. Sci., vol. 13, no. 3, p. 40, 2020.

20. [5] Z. Malki, E.-S. Atlam, A. Ewis, G. Dagnew, O. A. Ghoneim e A. A. Mohamed, "Abdel-Daim MM, Gad I. A pandemia de COVID-19: estudo de previsão baseado num modelo de aprendizagem automática", J Environ Sci Pollut Res, 2021.

21. B. Ambale-Venkatesh et al., "Cardiovascular event prediction by machine learning: The Multi-Ethnic Study of Atherosclerosis: The Multi-Ethnic Study of Atherosclerosis," Circ. Res., vol. 121, no. 9, pp. 1092-1101, 2017.

22. N. Gawande e A. Barhatte, "Classificação de doenças cardíacas utilizando uma rede neural convolucional," na 2.ª Conferência Internacional sobre Sistemas de Comunicação e Eletrónica (ICCES) de 2017, 2017.

23. M. J. Nwonye, V. L. Narasimhan e Z. A. Mbero, "Análise de sensibilidade da doença cardíaca coronária usando dois algoritmos de aprendizagem profunda CNN e RNN", em 2021 Conferência IST-Africa, IST-Africa: IEEE, 2021, pp. 1-10.

24. T. K. Revathi, B. Sathiyabhama e S. Sankar, "Diagnosing cardiovascular

disease (CVD) using generative adversarial network (GAN) in retinal fundus images", Annals of the Romanian Society for Cell Biology, pp. 2563-2572, 2021.

25. A. Javeed, S. S. Rizvi, S. Zhou, R. Riaz, S. U. Khan e S. J. Kwon, "Heart risk failure prediction using a novel feature selection method for feature refinements and neural network for classification", Mob Inf Syst, vol. 2020, 2020.

26. P. Adam e A. Parveen, "Prediction system for heart disease using naïve Bayes," J Adv Comput Math Sci, vol. 3, no. 3, pp. 290-294, 2012.

27. Y. K. Singh, N. Sinha, e S. K. Singh, "Heart disease prediction system using random forest," in Communications in Computer and Information Science, Singapore: Springer Singapore, 2017, pp. 613-623.
28. R. P. Priya e A. Skinariwala, "Automated diagnosis of heart disease using random forest algorithm," Int J Adv Res Ideas Innovat Technol, vol. 3, no. 2, 2017.
29. N. L. Fitriyani, M. Syafrudin, G. Alfian, e J. Rhee, "HDPM: Um modelo eficaz de previsão de doenças cardíacas para um sistema de apoio à decisão clínica", IEEE Access, vol. 8, pp. 133034-133050, 2020.
30. S. Mohan, C. Thirumalai e G. Srivastava, "Previsão eficaz de doenças cardíacas usando técnicas híbridas de aprendizado de máquina", IEEE Access, vol. 7, pp. 81542-81554, 2019.
31. G. T. Reddy, M. P. K. Reddy, K. Lakshmanna, D. S. Rajput, R. Kaluri, e G. Srivastava, "Hybrid genetic algorithm and a fuzzy logic classifier for heart disease diagnosis," Evol. Intell., vol. 13, no. 2, pp. 185-196, 2020.

32. T. Salem, "Estudo e análise do modelo de previsão de doenças cardíacas: Uma abordagem de otimização utilizando algoritmo genético", International Journal of Pure and Applied Mathematics, vol. 119, pp. 5323-5336, 2018.
33. C. B. Gokulnath e S. P. Shantharajah, "Uma seleção optimizada de características baseada na abordagem genética e na máquina de vectores de suporte para doenças cardíacas", Cluster Comput., vol. 22, no. S6, pp. 14777-14787, 2019
34. E. Choi e A. Schuetz, "Using recurrent neural network models for early detection of heart failure on set," Journal of the American Medical Informatics Association, vol. 24, pp. 361-370.
35. A. K. Dwivedi, "Avaliação do desempenho de diferentes técnicas de aprendizagem automática para a previsão de doenças cardíacas", Neural Comput. Appl., vol. 29, no. 10, pp. 685-693, 2018.

36. S. Maji e S. Arora, "Decision tree algorithms for prediction of heart disease", em Information and Communication Technology for Competitive Strategies, Singapura: Springer Singapore, 2019, pp. 447-454.

37. K. G. Dinesh, K. Arumugaraj, K. D. Santhosh, e V. Mareeswari, "Prediction of cardiovascular disease using machine learning algorithms," in 2018 International Conference on Current Trends towards Converging Technologies (ICCTCT), 2018.

38. O. W. Samuel, G. M. Asogbon, A. K. Sangaiah, P. Fang e G. Li, "Um sistema integrado de apoio à decisão baseado em RNA e Fuzzy_AHP para previsão de risco de insuficiência cardíaca", Expert Syst. Appl., vol. 68, pp. 163-172, 2017.

39. Y. Isler, A. Narin, M. Ozer, e M. Perc, "Multi-stage classification of congestive heart failure based on short-term heart rate variability," Chaos Solitons Fractals, vol. 118, pp. 145-151, 2019.

40. Shalini, P. K. Saini, e Y. M. Sharma, "An intelligent hybrid model for forecasting of heart and diabetes diseases with SMO and ANN," in Algorithms for Intelligent Systems, Singapore: Springer Singapore, 2021, pp. 133-138.

41. R. Bharti, A. Khamparia, M. Shabaz, G. Dhiman, S. Pande e P. Singh, "Prediction of heart disease using a combination of machine learning and deep learning", Comput. Intell. Neurosci., vol. 2021, p. 8387680, 2021.

42. D. Ain, "Sistemas de seleção e classificação de características para a previsão de doenças crónicas: A review", Egyptian Informatics Journal, vol. 19, pp. 179-189.

43. K. Harimoorthy e M. Thangavelu, "Retraction Note to: Multi-disease prediction model using improved SVM-radial bias technique in healthcare monitoring system," J. Ambient Intell. Humaniz. Comput., vol. 14, no. S1, pp. 117-117, 2023.

44. Azhar e P. A. Thomas, "Heart disease prediction based on an optimal feature selection method using autoencoder," International Journal of Scientific Research in Science and Technology, pp. 25-38, 2020.

45. I. M. El-Hasnony, O. M. Elzeki, A. Alshehri, e H. Salem, "Multi-label active learning-based machine learning model for heart disease prediction," Sensors (Basel), vol. 22, no. 3, p. 1184, 2022.

46. P. Guleria, P. N. Srinivasu e S. Ahmed, "Ai framework for cardiovascular disease prediction using classifcation techniques," Electronics, vol. 11, no. 24, pp. 1184-1188, 2022.

47. Y. Bengio, É. Thibodeau-Laufer, G. Alain, e J. Yosinski, "Deep Generative Stochastic Networks trainable by backprop," arXiv [cs.LG], 2013.

48. Y. He, Z. Zhu, Y. Zhang, Q. Chen, and J. Caverlee, "Infusing disease knowledge into BERT for health question answering, medical inference and disease name recognition", arXiv [cs.CL], 2020.

49. B. Chintagunta, N. Katariya, X. Amatriain e A. Kannan, "Medically aware GPT-3 as a data generator for medical dialogue summarization" (GPT-3 com conhecimento médico como gerador de dados para resumo de diálogos médicos), em Proceedings of the Second Workshop on Natural Language Processing for Medical Conversations (Actas do segundo workshop sobre processamento de linguagem natural para conversas médicas), 2021.

50. Y. Li et al., "Hi-BEHRT: modelo baseado em transformador hierárquico para previsão precisa de eventos clínicos usando registros eletrônicos de saúde longitudinais multimodais", arXiv [cs.LG], 2021.

51. R. Bharti, A. Khamparia, M. Shabaz, G. Dhiman, S. Pande, e P. Singh, "Prediction of heart disease using a combination of machine learning and deep learning," Comput. Intell. Neurosci., vol. 2021, p. 8387680, 2021.

52. J. P. Li, A. U. Haq, S. U. Din, J. Khan, A. Khan e A. Saboor, "Método de identificação de doenças cardíacas utilizando a classificação de aprendizagem automática nos cuidados de saúde electrónicos", IEEE Access, vol. 8, pp. 107562-107582, 2020.

53. F. Taheri Dezaki et al., "Cardiac phase detection in echocardiograms with densely gated recurrent neural networks and global extrema loss," IEEE Trans. Med. Imaging, vol. 38, no. 8, pp. 1821-1832, 2019.

54. E. Singh Kajal, "Prediction of Heart Disease using Data Mining Techniques, Int," Int. J. Adv. Res. Ideas Innov. Technol, vol. 2, no. 3.

55. G. Mrs, K. Mr, e M. Mr, "Apoio à decisão no sistema de previsão de doenças cardíacas utilizando naive Bayes," Indian J. Comput. Sci. Eng. (IJCSE), vol. 2, no. 2, 2011.

56. O. Taylan, A. S. Alkabaa, H. S. Alqabbaa, E. Pamukçu, and V. Leiva, "Early prediction in classification of cardiovascular diseases with machine learning, neuro-fuzzy and statistical methods," Biology (Basel), vol. 12, no. 1, p. 117, 2023.

57. M. N. Islam et al., "Predictis: um sistema baseado na IoT e na aprendizagem automática para prever o nível de risco de doenças cardiovasculares", BMC Health Serv. Res., vol. 23, n.º 1, p. 171, 2023.

58. A. Khan, M. Qureshi, M. Daniyal e K. Tawiah, A Novel Study on Machine Learning Algorithm-Based Cardiovascular Disease Prediction. Cuidados de

saúde e sociais na comunidade. 2023.

59. S. Mohan, C. Thirumalai e G. Srivastava, "Previsão eficaz de doenças cardíacas usando técnicas híbridas de aprendizado de máquina", IEEE Access, vol. 7, pp. 81542-81554, 2019.

60. I. S. Forrest et al., "Machine learning-based marker for coronary artery disease: derivation and validation in two longitudinal cohorts," Lancet, vol. 401, n.º 10372, pp. 215-225, 2023.

61. R. S. Patil, T. Arjariya, e M. Gangwar, "Detection of Cardiac Abnormalities and Heart Disease Using Machine Learning Techniques," International Journal of Intelligent Systems and Applications in Engineering, vol. 11, no. 5s, pp. 598-605, 2023.

62. B. S. Shukur e M. M. Mijwil, "Involving machine learning techniques in heart disease diagnosis: a performance analysis", International Journal of Electrical and Computer Engineering, vol. 13, no. 2, 2023.

63. N. Chandrasekhar e S. Peddakrishna, "Enhancing Heart Disease Prediction Accuracy through Machine Learning Techniques and Optimization," Processes, vol. 11, no. 4, 2023.

64. M. A. Kadhim e A. M. Radhi, "Heart disease classification using optimized Machine learning algorithms," Iraqi Journal For Computer Science and Mathematics, vol. 4, no. 2, pp. 31-42, 2023.

65. E. Dritsas and M. Trigka, "Efficient data-driven machine learning models for cardiovascular diseases risk prediction," Sensors (Basel), vol. 23, no. 3, p. 1161, 2023.

66. S. Nandy, M. Adhikari, V. Balasubramanian, V. G. Menon, X. Li, e M. Zakarya, "An intelligent heart disease prediction system based on swarm-artificial neural network," Neural Comput. Appl., vol. 35, no. 20, pp. 14723-14737, 2023.

67. N. Biswas et al., Machine Learning-Based Model to Predict Heart Disease in Early Stage Employing Different Feature Selection Techniques (Modelo baseado na aprendizagem automática para prever doenças cardíacas na fase inicial utilizando diferentes técnicas de seleção de características). BioMed Research International. 2023.

I want morebooks!

Buy your books fast and straightforward online - at one of world's fastest growing online book stores! Environmentally sound due to Print-on-Demand technologies.

Buy your books online at
www.morebooks.shop

Compre os seus livros mais rápido e diretamente na internet, em uma das livrarias on-line com o maior crescimento no mundo! Produção que protege o meio ambiente através das tecnologias de impressão sob demanda.

Compre os seus livros on-line em
www.morebooks.shop

Printed by Books on Demand GmbH, Norderstedt / Germany